国家的品格

看懂美国的第一本书

[英]约翰·高乐　著
一兵　译

民主与建设出版社
Democracy & Construction Publishing House

图书在版编目（CIP）数据

国家的品格 / （英）高乐（Goren,J.）著；一兵译. -- 北京：民主与建设出版社，2016.7

ISBN 978-7-5139-1065-1

Ⅰ.①国… Ⅱ.①高…②一… Ⅲ.①美国－历史－通俗读物 Ⅳ.①K712.09

中国版本图书馆CIP数据核字（2016）第078956号

书名原文：The American People

出 版 人：许久文

责任编辑：李保华

整体设计：新兴工作室

出版发行：民主与建设出版社有限责任公司

电　　话：（010）59419778　　59417745

社　　址：北京市朝阳区阜通东大街融科望京中心B座601室

邮　　编：100102

印　　刷：北京嘉业印刷厂

版　　次：2016年8月第一版　2016年8月第一次印刷

开　　本：710mm×1000mm

印　　张：15.5

书　　号：ISBN 978-7-5139-1065-1

定　　价：36.00元

前言

19世纪中叶，美国就开始与中国进行贸易，以此为起点，中美之间就已开始了广泛的文化和经贸交流。且随着时代的发展，中美之间的这种关系也不可避免地发生着深刻的变化，到20世纪末，中美之间的关系，彼此依赖和结合的程度更是不断地加深。

毋容置疑，当今世界，尤其是在世界信息化大潮的今天，中美之间的关系是非常微妙的，这一点，无需特别说明。因而，他们之间应该如何构建面向21世纪的新型大国关系，就成为了世人关注的焦点，这其中，对美国国民性的研究至关重要！

现实中，虽然每年都有数以万计的人出国赴美或由美返国，但他们对美国的认知仍然是蜻蜓点水、一知半解，缺少对美国社会和美国国民性较为全面、理性的了解。从这个意义上考虑，本书是非常值得阅读和推荐的，堪与本尼迪克特的名著《菊与刀》相媲美。

本书的作者约翰·高乐是英国著名的人类学家，学识渊博，专业造诣深厚，在近代分析心理学方面也有较为深入的研究。本书就是以他在华盛顿留居七年的社会生活经历为创作题材，然后根据分析心理学的观点，对美国的国民性进行剥茧抽丝式的细致分析之后写出的。该书以妙趣横生的笔法代替了以前味同爵蜡的文字叙述，来一层层揭开美国国民性的面纱。这些国民性特点，有的积极向上，有的就难登大雅之堂了。

上述有点美国国民性特点的特质，大都是著者自身的见解，不过，读者朋友们不一定完全赞同，但是，著者观点的新颖，却是令人不得不叹服和深省的。本书中，著者讲述的关于美国国民性格中“娘娘腔”的特点，就是上述论断中典型的一个例子。

有理由相信，如果读者能把这本书从头读到尾，然后把书中的观点与现实中美国人的生活和工作习性进行对比，就一定会对著者关于美国国民性特点的论断，有着更为深刻的理解和认识。

序言

个人是一切的根基。

我现在发誓：在我看来，凡是抹杀个人的，都不是良善的。

美国是由个人合作立约而成的，

只有与个人进行协商的，才是真正的政府……

——魏特曼于蓝色的奥泰里亚湖畔

本书中，我以文化人类学上已经得到实践检验的科学理论和方法，来分析研究一个伟大的现代国家——美国。

1935 年，我第一次访问美国，就得到了当时人类学研究领域的多位大师的帮助，他们是梅特、本尼迪克特（《菊与刀》的作者。——编者）和陶拉特三位博士，在他们的指导下，我接受了系统的人类学知识的学习，也就是从那时起，我踏上了追逐人类学的征途，从此，人类学的相关论题在我的生活中，也一直占据了主导地位。

随后，我就开始了我的人类学研究生涯。1936 年至 1937 年，我在锡金（现并入印度）的一个部落进行实地学术研究和考察，当时，这只是以后将连续进行的考察中的第一次而已，但是没想到，考察结束之后，我的身体健康受到了不小的损害，以至于在那之后的几年内，我不能再度考虑涉足原始部落了。而这一切从人类学的观点考虑，就是因为原始部落的生活环境太过于恶劣，不仅生活艰辛、食物匮乏，而且医疗条件几乎可以忽略不计，可以想象，在这样的生存环境下，对一个初到此地的陌生人来说，肯定会对其心里、生理健康带来深远的影响。

后来，我接受了洛克菲勒基金会的邀请，以“人类学的观点”来研究电影和无线电对美国观众和听众的影响，这一研究课题的性质，使我得以走过了美国的许多地方，在这个过程中，我不仅最大程度的熟悉了美国的风土人情，而且还接触了不少美国社会学家以及他们的研究成果，这些经历都为我研究美国的国民性提供了可靠的资料。在这个调查完成之后，我在基金会理事长梅博士的邀请下，加入了耶鲁大学人类关系研究所，这次邀请，不但让我对人类学、行为心理学和心理分析学等知识有了更进一步的学习和了解，还让我得到了一个能详尽研究美国儿童和青年心理的机会。

研究所里有位同事——心理分析学家泰恩——曾经对一位患有人格分裂症的新英格兰（新英格兰指美国东北部六

州——译者）青年，进行过四年的系统研究分析，并记录下了大量的数据资料。泰恩曾邀请我根据这些研究资料，一同来撰写出这个青年的生活轨迹，以便为以后的研究提供科学的依据。

但是因为对病者儿童时代及求学时代缺乏何谓“正常”的标准，我不得不采取研究普通人的行为方式，以发现这个青年人格分裂者的行为方式有哪些是特殊的，所以我就得对那些没有人格分裂症的青年进行细致入微的研究，这样才能对这个青年的病症进行一个科学合理的解释。本书中的有些材料，尤其是关于儿童及青年期的资料，就是通过上述研究而得来的。

离开耶鲁大学以后，我在美国的华盛顿参加了一个英国的战时代表团，在这里，两个国家不同的国民性得到了尽情的展示。我在这个代表团中的职位是联络员，不仅要代表伦敦方面出席美国相关单位举办的一些会议，还要随时把美国的相关态度、批评和建议报告给伦敦，在我们双方需要为了共同目标而同甘共苦的时候，我们的合作是非常愉快的，但那深藏在不同国家民族心底的相异的世界观和人生观却一直没有消失。也许是因为这个团队中美国方面的工作人员大多都是我以前的同事，所以，我听到的关于对英国方面的批评都是坦率的，而在正式的会议中，因客气之故，这种“坦率”的批评还是不能上台面的。

据此再结合以前的经验，我清楚的看出英美之间虽然有许许多多的异议，但大多数人在私下里却表现为一种单纯的交流态度。英国人因为美国人不能设身处地的站在英国人的立场进行相关行动和相关言论，便反对、藐视或痛恨美国人，反之亦然。因为英美两国人有着大同小异的语言、宗教、政治思想、法律与体格形式，所以每一方都假设对方是和自己一摸一样的，其行事模式也应该是一样的，可是等到这种假设被证明是与事实不符时，就难免会产生失望和痛苦。

上述因素的存在，确对两国间长期的政治关系做出了重大贡献，但我深信，在日常事务中，认为英美一体或拥有完全相同的信仰，是阻碍两国人民相互了解和合作的最大绊脚石。

其实，在两百年前，英国人民和殖民地美国人民之间的相同之处要比相异之处多得多，但是，在两个世纪时间年轮的碾压下，英国和美国开始形成不同的社会结构、不同的价值制度、不同的行为方式、不同的世界观等差异性，通俗的讲，就是形成了不同的极端强烈的民族性。

这种差异的存在，并不是说其中一种方式是好的，可以赞美的，另一种方式是坏的，只能批判的，它们之间其实是没有好坏之分的，只有见识狭隘或浅薄的人才会对其有好坏之分的评判标准。因为这种差异在本质上都是为了完成同样的社会目标，就像人类对于事物，有各自不同的喜好，但是这种差别肯定不至于引起社会大众的愤怒，可如果有人强迫我们食用我们不喜欢的食物，就能引起我们的愤怒；以下例子也可以很好的解释上述问题，比如因纽特人吃腐朽的海豹肉、一些澳大利亚土著吃树上的蛴螬，这种行为是“不当”或“不道德”的吗？印度教徒鄙视我们吃牛肉，可我们有谁会认为这种反对是合理的呢？所以，我们在涉及不同的观察和解释世界的方式时，在涉及不同的希望和恐惧时，一定要从公正的心理出发，千万不要有我是唯一正确的，其他都是错误的想法，如若不然，个体心里的苦恼和愤怒便会长存，于一个民族而言，如果这样唯我独尊的心里持久存在于本民族的国民性中，就会对本民族的发展带来不可估量的严重后果。

自我中心思想的存在，使得我们在地位相等、时代相同的民族之间讨论民族性的长短得失，就变得非常困难和复杂。有时一个十分客观的说明，就会被其他民族的读者解释为对其的恶意批评。如果读者恰好属于说明中所提到的民族中的人，他可能会把说明中客观的语调解释为缺乏了解和同情。这一种情感与听见自己的录音后所引起的观感颇有几分相像。如果读者不是说明中所提到的民族中的一份子，他就会不由自主地把说明中所讲述的行为形式和他自身的特性作比较，然后再对两者的差别进行踌躇满志的判断：谢天谢地，我不像其他人那样……”

为了最大程度的降低因不友好批评而引起的观感和自满，我在本书中已尽我所能，尽量避免把美国人的行为与其他社会的行为进行比较，同时设法指出相同的地方。所以，书中除非确有必要外，我尤其努力避免提及任何可进行比较的英国人的行为。我深知文中有若干叙述英国人行为的文字，其实这种行为也很可能是美国人的行为，但是除非进行全面系统的比较，否则仅仅关注局部的相同之处是毫无意义的。

我避免进行比较的动机之一是希望不至于引起读者不友好的批评以及读者伪信的自满，但我还有一个更为迫切的理由，那就是因为我的浅薄无知，我所有关于英国（或任何欧洲社会）的知识，都不足以使我能进行较为系统全面的比较，而且由于我所受的教育和出身，视野也存在着一定的局限和偏见。况且我接触的英国社会的范围比接触的美国社会的范围，要狭隘的多；甚至就地理知识而言，我对英国的了解也比对美国的了解少的多。除了进行较为短期的旅行以外，我所知道的英国仅限于英国的南部和中部，毕生中，我在剑桥以北逗留的时间，总共加起来也不到两个月，而美国各个州，我去过 40 个以上，除了西南区的新墨西哥州、亚利桑那州、内华达州和西北区的华盛顿州、俄勒冈州、爱达荷州等六个州，但是这六个州的人口仅占美国总人口的 30%，所以我认为，对这些区域虽然缺乏一定的了解，但是并不会动摇我的研究结论的。因为我大部分时间都呆在华盛顿特区，这座政府城市虽然不能代表它地域外的一切，但是在它小小的地域内，却聚集了美国联邦内各州的众多居民，这些来自各州的居民，也为我的美国国民性研究提供了相当必要的帮助。

本书对美国南部诸州的历史、传统、宗教、种族或社会习性等方面的内容讨论比较少，因为它们与美国其它地域有着显著的不同，如果要对这些不同之处进行细致的讨论，恐怕需要另外一本同样篇幅的书不可。这也是这本书只有第八章对美国南部诸州进行探讨的原因，其他篇幅我都没有对这些问题加以论述。这里还有一点需要特别说明，即这本书中我的叙述只限于过去十年中的美国人。

不过，即使把最显著的例外除外，如要对分布在半个大陆的数亿人进行一个准确的综述，似乎也还是很困难的。这个困难在旧世界（欧洲）也许更有力量：因为在欧洲，由于许多世纪以来的孤立，各地有不同的传统，婚姻也互不相通。结果可以预料得到，那就是在不同人群及不同地域之间，将产生很大的差别。不过，美国的历史，除了少数例外外，却刚好缺乏这种孤立、地方传统和亲族通婚的特点。大西岸沿岸以外的大部分美国人是在铁道兴建以前不久才到达美洲的，所以很少有人在同一个地方，有世代相传的历史，因而也缺乏那种对某一特别区域的强烈感情。当然在不同的地域之间，依然存在着明显的差别；在有些地域，因为具有同一传统的移民占据绝大多数，所以呈现出了地方色彩，例如明尼苏达州的斯堪纳维斯亚半岛（芬兰、挪威、瑞典）人；威斯康星州、伊利诺伊州和宾夕法尼亚州的德国人；马萨诸塞州的爱尔兰人；得克萨斯州的墨西哥人；路易斯安那州西部操法语的阿卡迪亚（位于加拿大西南部的原法国殖民地，于1713年割让给英国，当地居民操法语——译者）人。还有些区域，大多数居民集中于同一种行业，这在一定程度上减少了居民之间的差别，却也限制了居民的希望，例如蒙大拿州的矿业，怀俄明州的畜牧业，但这些只是一个共同形式的表面变动而已。

一个专家可以根据语言习惯的细微区别，进行精密的语言差别分析，借以发现某一美国人在百里以内的出生地；但是就全国三分之一的人口、五分之三的地域而言，这种语音的差别，只是表明地方色彩的出身和教养而已。诗人惠特曼对大部分现代美国人的心理发展曾经有明确的预见，用他的话来说，美国有一种“民主的平均性和基本的平等性”；有了这种特色，才使我们能进行性质广泛的系统论述。

此处也许应当声明，这种民族性的概念，绝无否认个性差别的意思，也不是说所有美国人都表现为下文所述的种种特性。这个概念的全部意思，是指所谓一个人群的特色体系和行为模式，是指在那个人群内占重要数量的人士的共同且被其他大部分人所赞同的一种特性；而且这种特色体系和行为模式曾是影响整个社会生活制度形成的重要因素。所以我在书内用“美国国民性”一词而并不加限制解释时，读者不妨把这个名词的意思再扩大，读作“美国人中占重要数量的人士”，或“大多数美国人的情形”，或“如与其他人群比较，美国人更倾向于……”——如果为了细密精确起见，经常使用这种累赘的词句，就不免使行文拗口，不易阅读。

我曾研究过若干典型关系中习惯的和有意的行为，如子女对父母、父母对子女、夫妇、爱人、朋友、邻里、商业同行和竞争者、资方和劳方、多数对少教、美国人对外国人等等，并设法一一讨论根本的、形成美国人行动的恰当的主题。在技术上，这种研究方法就其范围和系统性而言是一种新奇的方法。不过还有一个严重的缺漏，就是书内完全没有提到的宗教问题，以及教区居民和教士间的关系。这是一种性质严重的缺漏；尤其是在农村，基督教新教有极高的社会地位，它所产生的理念，往往具有很大的影响力。这种缺漏，一方面源于我的无知：我缺乏足够的经验或知识，以进行准确的论述。我虽曾系统地把我所能掌握的材料进行了一番科学的思考，正如我对其他人类学材料所采取的态度一样，但因为我在美国时并没有计划写这本书，所以并没有刻意收集我所需要的材料。除了研究那个虔诚的合众教会教徒、人格分裂症患者以外，我在美国前后所担任的各种职务，都使我无法和美国国内的宗教生活有长时间的接触。鉴于我对那些有心理重要性的事件，完全只有间接或辗转得来的知识，所以我索性决定完全置之不论。

本书可以被视作根据“心理文化”观点来研究美国人特性的第二本著作。1942年梅特女士写了一本《知己知彼》，“讨论美国人特性的长处和弱点——我们可以获取战争胜利的心理准备”。该书的主要目的，是希望“以我们所有的知识和真知灼见，在人类学家的本位上尽可能地帮助取得战争的胜利”。梅特博士心里有了这个凌驾一切的目标，所以全力集中于详细分析美国人的道德原理，而除了少数偶尔提及之处外，对于美国生活中这种道德原理不发生作用的领域，完全置之不论。书内关于美国人道德地位的说明，在我看来似乎极为详尽和完备，所以我也不想再画蛇添足。我曾经对梅特博士的结论，进行过若干简要的叙述，我也参考过她的著作中有关的章节。

梅特博士的著作中关于美国家庭的特殊发展的研究，为我提供了一个可供遵循的路径。因此，在这两本书之间，存在若干重复之处是在所难免的：凡梅特博士已提出充分论证的各点，我仅以概述她的结论为限。我没有进行任何争辩；对这个问题有兴趣的专家，把两书一比，可以很轻易的看出有少数地方我和她有不同的解释，至于我偏重不同的地方则更多。

我从梅特博士那受益的知识，实在无法进行充分的表达。我在文化人类学方面所受的众多知识，从她书中所得的关于美国国民性的资料，以及通过多年来长期谈话表达的、使我对英美特性的不同之处有更进一步了解的真知灼见，都深受她的启发。不幸的是，我始终不曾养成把谈话内容记录下来的习惯；所以在书内很可能援引了原来由梅特博士所提出的观念和公式，而没有进行适当的声明和鸣谢。我请求读者宽恕这种无心的失礼。

为了使本书的附注不至太多，所以我对于前人关于同一题目的许多论述——无论是和我的见解相合的，还是和我的见解抵触的¬，不曾一一注明。但借助这些著作，我获得了十分清晰的认知。在这里，我特别想提出的有布洛根的《美国问题》、兰斯威尔的《个人的不安与世界政治》、凯瑟琳的《解放的美国》、托克维尔的《论美国的民主制》（1846年巴黎出版）、赫顿的《如日中天的中西部》和根斯的《美国内幕》，直到本书完稿后我才得以拜读。

罗宾曾为《幸运》杂志从优良的民意测验中对过去十年进行过一次系统的调查，我从这个调查中获得了大量的资料。我不愿在本书内插入统计表格，所以书内关于这方面的来源，没有进行直接的援引；但本书内相当一部分的陈述，都可参照《幸运》杂志的测验，从而获得统计的证明。

书内的材料，有许多是根据多年来在美国各地举行的谈话和讨论而得来的。我自己以及谈话的对方在当时都不知道后来我会写这本书。所以对于他们所提出的、没有另外见之文字的说明或见解，不便举出提出者的姓名，以免有失公允。不过，我自知曾从以下各人处获得过资料：奥登、贝特逊、本尼迪克特、乔治·狄逊和蒲加·狄逊、约翰·陶拉特和维克杜·陶拉特、厄列克孙、傅勒、浩尔、荷尔姆、欧文·加尼斯和玛乔丽·加尼斯、简宁斯、寇斯泰恩、恩斯特·克里斯和玛利安娜·克里斯、兰斯威尔·雷茨、保罗·林巴格和玛格雷特·林巴格·约翰·马夏尔和玛丽·马夏尔、麦克·梅和罗倍·梅、亚尔弗雷特·梅特洛和罗大·梅特洛、彼得·满陶克和卡门·满陶克、斐里奥·奈许和厄狄斯·奈许、考尼列斯·奥斯哥特和哈里欧·奥斯哥特、纳尔孙·鲍恩特和亨里泰、鲍恩特、罗伯茨、里奥·洛斯敦和柏里西拉·洛斯敦、约翰·索尔特和奥立武·索尔特、许纳特和斯庇尔、斯图亚特、乔治·泰勒和罗伯特·泰勒、玛丽·泰勒、约翰·魏廷和比特兰斯·魏廷和泰恩。我希望他们接受我的感谢。伦敦美国资料图书馆的馆员也曾对我提供了善意的帮助，我也表示感激之情。

我特别感激伦敦大学和芝加哥大学的歇尔斯教授。他非常细心地阅读过本书的初稿，并提出了许多宝贵的批评和建议，我感觉到它们大大提高了本书的价值。他提供给我了许多宝贵的材料，并且准许我采用从他最广博的知识中得来的若干概念或说明。可惜我未能获准在有关的地方提出适当的感谢。

虽然我从以上的书籍和讨论批评中获益匪浅，但本书归根结底是以我在美国七年多的经验和接触，以及构成我在美国生活的爱情、友谊、争执、误会、复杂的谈判、没料到的事件等为依据的。也许会有人认为像这样的一本书对于曾给我许多优惠的那个国家和它的人民未能尽颂善之能事，但持这种意见的人一定没有了解写作本书所持有的精神（我希望他们的人数不要太多）。为免除发生任何误会起见，我愿意郑重声明，我相信未来世界的和平与繁荣有赖于英美人民和政府之间的彼此了解与有效合作；我也相信，这种了解和合作是防止再度发生战争、防止极权独裁统治或程度仅略逊战争一筹的恐怖的唯一保障。但彼此互相了解如果仅仅建立于幻想和虚伪之上是不能持久的；它必须以接受我们之间大不相同的特性以及解释世界的不同方式为基础。本书即为力求对这一种了解有所贡献的尝试。

目录

上戴冠，一只手里执着一把火炬。在招贴、讽刺画或徽章上，常轮流交替使用这两个肖像来表示美国；但据我所知，在什么情形之下应该用哪一个肖像，并无公认的规则。

在美国人心中，孩子生下来是没有过失的，好像一张白纸，此后如有任何弱点，都是出于不可制御的环境，或出于父母无知或恶意的结果，父母毁坏了一个若非天然完美，也是应该被安排得很完美的孩子。

这个有趣的例证，说明即使最难控制的材料也必须经过修正，直至与一个社会的主要心理、重要观点符合为止。美国人认为儿童是未来的希望，在生活中如有合适的起点，一定可以强爷胜祖，凡是任何不承认这种说法的理论，都不能得到广泛的接受。这是美国人的基本信仰……

大多数的美国人到青年时期，已经把两个观念混在一起：获得成功就是获得爱，获得爱就是获得成功。由教师所传授、源于新英格兰清教思想的理论，本认为一个人如在世上成功，就是神、造物主爱他的具体可感的表现；如果失败，即表示他

自夸的口号："我们可以在即刻之间完成困难的工作，我们可以用稍多一点的时间完成不可能的工作。"这也可以说是差不多每一个美国人面对某事时的做法。

第七章　地位，成功，金钱　/153

美国复杂的社会内本身包括数量庞大、各自不同的行业，加以没有公认的、等级秩序的社会价值，这就很可能成为一个极大的问题。举例来说，与欧洲相比，在美国，各不同行业彼此之间的声望并没有大的差别。有许多的行业，尤其与这些行业在欧洲受人尊崇的情形比较起来，在社会上的声望反而比较低微，例如政治家、公务员、职业军人、男教师（教师在本质上多少是属于女性的行业），……但怎样使其他条件相等呢？随着大多数工作与工作者在感情上的越来越缺乏联系，只有一个最低的共同指标可用以比较不同、甚至大不相同的行业之间的成功，即它们所具有的社会价值；而在一个结构不大分明的商业社会之中，则只能有一种衡量的方式：金钱。

第八章　种族，权威，美国精神　/171

美国独特的地方就是其公民的组成成员，都直接，或经过他们的祖先，确曾做过这种个人的选择；而且绝大多数的人在

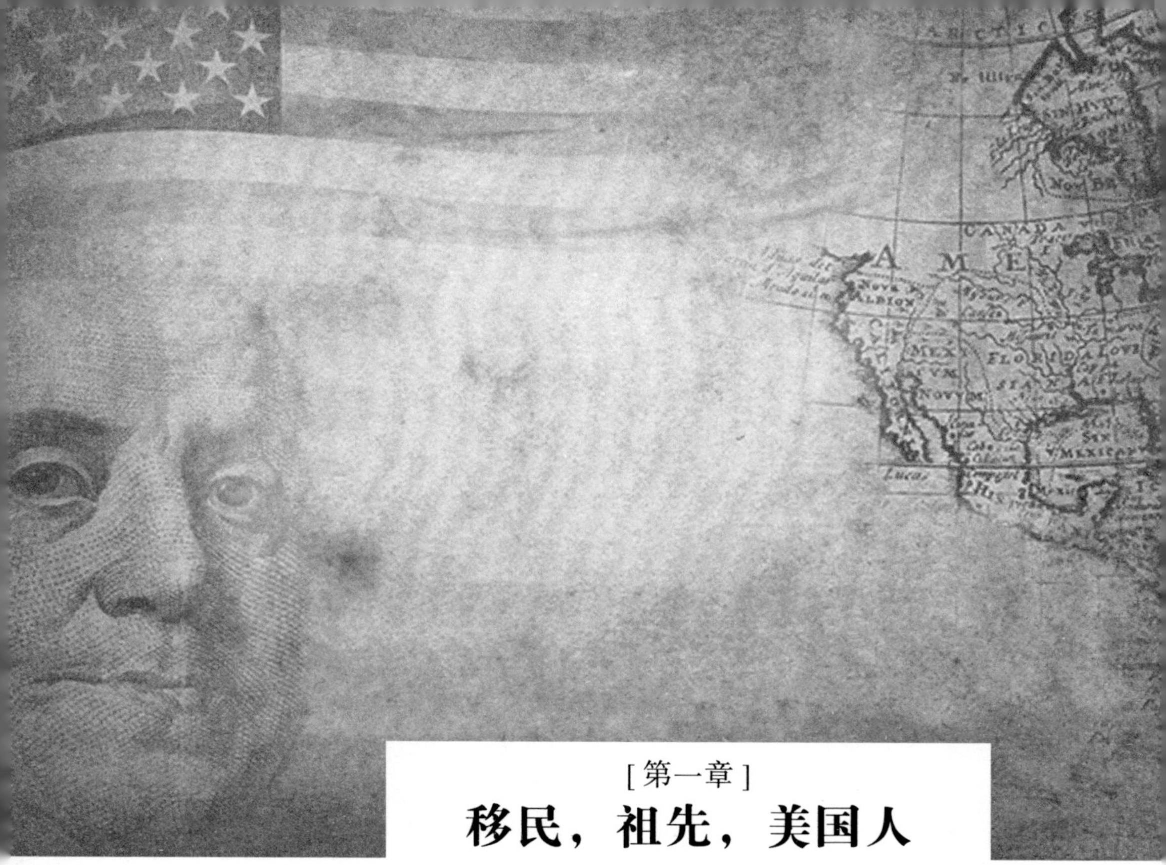

[第一章]

移民，祖先，美国人

等到我们登陆时，我们将遭遇德意的军队，向他们进攻并把他们歼灭是我们的荣誉和特权。在你们许多人的血脉里，存有德国人和意大利人的血统，但要记牢，你们的祖先是如何的珍爱自由，为了追求自由，不惜舍家离国，远涉重洋。我们现在要加以消灭的这些人，他们的祖先，就缺乏这种牺牲的勇气，而不得不继续过着奴隶般的生活。

美国 1943 年 7 月对西西里岛的海陆进攻表明了西方盟国重新回到欧洲，这是一件很重要的事。尚未大显身手的美军也参加了进攻的战役，在刚开始登陆以前，指挥美军中某一军团的巴顿将军，向他的部队发出了一个命令，以提高他们的士气，并使他们深切知道此次登陆之举的重要性。命令的一部分内容如下：

等到我们登陆时，我们将遭遇德意的军队，向他们进攻并把他们歼灭是我们的荣誉和特权。

在你们许多人的血脉里，存有德国人和意大利人的血统，但要记牢，你们的祖先是如何地珍爱自由，为了追求自由，不惜舍家离国，远涉重洋。我们现在要消灭的这些人，他们的祖先，就缺乏这种牺牲的勇气，而不得不继续过着奴隶般的生活。

这位已故将军的公开风格是非常浮夸的；不过以上的几句话，确是以警句的方式简要表达出了关于美国人的许许多多有心理暗示的真理。

“你们的祖先……舍家离国，远涉重洋……”，驱使这些移民远涉重洋的主要动机，究竟是因为他们在道德上爱好自由，还是出于比较近于物质的欲望，或者为了要追求更大的机会，更好的生活水准，更自由的土地，在此处倒无关紧要；重要的是巴顿将军部下大多数人的祖先，大部分确实是由欧洲移民而来的。他们的祖先曾经离家弃国，舍弃了他们出身其间的价值和传统，而等到他们的子孙长成、接纳了与他们自己所有的大不相同的价值和传统之后，却讥嘲并拒绝了他们不由自主地保留下来的欧洲人的习惯及思想方式。

1860年美国的人口，包括移民和土著，白人和黑人，老人和儿童在内，统计约有1300万人。在此后的70年内，有3000万欧洲移民远涉重洋，变成了美国人。现在美国1.8亿白人人口（1940年人口调查）其中有多少人的祖先是在1860年以前抵美的，有多少人的祖先是在1860年以后抵美的，目前难以精确地计算；但值得提出的是，定居的人口中包括各种年龄的组别，而移民的人口中绝大多数为正达生育力最强年龄的青年男女。

“你们的祖先……舍家离国……”这种移民除了少数例外外，并不是以殖民者的身份远涉重洋的，而是想在海洋的对岸复制他们本土的文明的。因为地理的隔绝，他们准备尽力放弃所有他们的过去：他们的文字以及只有该种文字所能表达得出的思想；他们从小受教要遵守的法律和忠顺心理；他们的祖先以及过去本国同胞所具有的价值观和稳妥的生活方式；甚至一大部分习惯了的饮食、衣着和生活方式。他们大部分人同时也逃避了歧视性的法律、严厉的教会制度下的社会结构、强迫性军役、妨碍有进取心者的向上机会和他们渴望实现的目标的权威性限制。但家园和故园是不能零零星星舍弃的；此外必须同时放弃许多其他的维系和牵绊；移民必须设法改造自己，才能变成美国人。

不过除非移民是在儿童时代便移入境内，或者具有非常强的心理适应能力，否则要完全改造自我，实属不可能。因为文化是极强有力而无所不在的；一个人在年幼的时候，便获得了代表地方文化的民族特性；单凭意志的力量不足以改变那种出于看不出和不自觉来源的动机与宇宙观的方式；大部分人是不能以潜心考虑来自行改造的。所以多数移民，虽然尽可能地舍弃欧洲的一切，本身仍为不完全的美国人；他们本人，他们的特性，他们的思想方式，甚至他们的语言腔调，仍带有他们所舍弃的欧洲式的痕迹。但是他们自己虽然不能改变，他们的儿女，却可以脱胎换骨；公立学校，有时再加上邻里的帮助，可以把他们的子女，改变成他们自己绝不能做到的百分之百的美国人。一旦这种脱胎换骨实现，子女又会排斥他们的父母，视其为流于老式、无知和在重要的方面带有外国气味的一类人。移民的父辈，越成功地把他们的子女改造成美国人，使他们的子女完全摆脱旧的效忠心或价值观念，则父亲一代的外国色彩，越发成为子女们自惭形秽和羞辱的根源，父亲一代做模范、指导和榜样的重要性也越发减少。至于母亲，不管操何种语言和具有何种生活方式，因为她是爱抚、食物和同情援助的根源，所以仍保持情绪方面的重要性。但如果儿子成年后同父亲一代一样，其成就不能胜过父亲，具有和父亲同样的品性，则无论父亲还是儿子，都将同样地认为失败了。

第一代移民与第二代子女之间连续性的中断，我认为对于现代美国人特性的形成，具有极重要的作用，如用发生学作比，它们产生了也许可称为美国变种的结果。差不多世界各地，以及在许多时代中，确曾有过个人改变效忠国籍，和看到他们的子女接受了他们所陌生的特性与价值；不过在这种其他的例证中，移民的人数比起他们所迁往地方的主要人口数，实在微不足道。而在美国的许多地域，特别在城市中，移民的人数大大超过了原有的美国人口。在其他的例证中，拒绝视父亲为指导者和典范，只是个人问题个别方式的解决，而在美国，这种行为也象征着他们接受了他们为之保证效忠的那个社会的主要价值。第二代美国人，每个人都须拒绝承认他出身于欧洲的父亲，这可以作为他的典范和道德的权威，其情形与美国之由排斥舍弃英国而成为独立国家的情形如出一辙，越发彰显出了前者的重要和强度。

18 世纪下半叶，随着美洲殖民地脱离英国而附带发生的心理和政治变迁，在现代史上是不易找到相同现象的。直至《独立宣言》和战事爆发的 13 年前，殖民地人民对英国的效忠似乎是一向没有问题的。对于地方事件，他们大部分自己处理，但是他们自认为是英王的忠诚臣民，与各地英王的臣民程度相同。他们的观感，他们的制度，他们的哲学，他们的宗教，全都出于英国；其与英国标准式的差别，并不超过英国各地之间的差别；新奇的外国观念（尤其是由法国来的），其在美洲殖民地的影响也并不比在伦敦的影响大。

自 1763 年至 1776 年，英王乔治三世及其若干阁员采取了一连串高压的和专横的措施，把殖民地置于与国王其他臣民相比较低的地位，未获他们同意便实行征税、驻军，干预他们的商业活动，以致最终摧毁了殖民地占重要数量的人民的效忠心理。他们用维护英国精神的名义，来抵抗这种违反英国惯例的行为。等到请求纠正的公认的法律方法，因为国王及其阁员态度盲目顽固而全无成效之时，这些殖民地人民，仍根据英国的先例而行动，武装起来保卫“英国人的权利”。

在旷日持久、极端危急的情势之中，殖民地多数的人民，包括最有势力的人士，都抛弃了向英国效忠的心理。这种抛弃，是否认一般所承认的、唯一的具体威权，在当时并无取而代之的意思。而美利坚合众国的诞生，正以否认权威而著称：权威是强迫的、独断的、专制的，在道德上是错误的。

美洲13个独立殖民地在11年之中，各自采取了互相冲突的政策，靠一个无权无勇的自由民众的联盟作为彼此之间的唯一联系。但这种基本属于无政府的状态却使全联盟几乎陷入完全破产的境地，表明如无某种中央的威权，各独立殖民地是不能再继续生存下去的。1787年举行的制宪会议计划成立一个联邦政府，该政府具有为保合众国独立存在所必不可缺的最低限度的权力。这种讨论结果所订定的非常文件，即为《美利坚合众国宪法》。其特别值得称赞的地方，是用极巧妙的方式，对政府的权威加以慎重的限制；所有互相牵制的条款、以求平衡的话语以及三权分立的制度，用意都在于筑起无法逾越的法律界限，使任何个人或团体都不能有过度的权力。

美国的诞生，与弗洛伊德所想象的文明与图腾仪式制度起源时的神话景象，在若干重要方面颇有相似之处。照弗洛伊德的“如此云云”的故事，受压制的几个儿子，联合起来杀死了专横的父亲；接着他们心头感到犯了滔天大罪，又深恐兄弟中有人会起而代替被暗杀了的父亲的地位，于是他们立了一个公约，以全体放弃父亲的权力和特殊地位为基础，确定兄弟之间法律地位的平等。英国、英王乔治三世和诺斯勋爵，代表那位专制暴力的父亲；美洲殖民地的人民，代表阴谋弑父的群子；而《独立宣言》和《美利坚合众国宪法》，代表诸兄弟所订的公约，以共同放弃所有支配人民的权力为基础，使全体美国人都得到自由与平等的保证；这种支配人民的权力，是那位父亲最令人痛恨、也最惹人艳羡的特权。

这虽然只是由一个故事引申出来的比喻，但它也表明了若干有心理重要性的真理。自从美国成为独立国家以来，在美国国民性的范畴内，就出现了两个大题目。一个是感情上的平等思想，认为所有（白）人，一律平等；认为一个人如果奴役另一个人，其行为不仅应遭到唾弃，且应以法律的形式加以禁止；人人皆有平等的机会和法律地位。另一个是相信支配人民的权力在道德上是可憎的，并且是应该加以抵抗的；只有怀疑别人夺取权力的心理唯恐不够；必须把国内居于必要权位的人视作潜在的敌人和篡夺者。美国人所珍重的平等，过去、现在都是建筑于他们政府的羸弱之上的。

移民的子女不仅在学校里学习如何才能成为百分之百的美国人，他们在教室以内，在他们的功课以及历史与公民的课本中，在教堂说教和展示爱国性庆祝活动中，他们也继续受熏陶，继续深刻理解以上各种教训。照这些欧洲人的子女看来，课本上的英国成了一个集压迫与虐政大成的怪物，而抛弃向英国效忠之举，变成了一件单纯的事，把附随历史事实而起的毁誉不一之见几乎全部抹杀。反对权威成了一种可以赞美的典型的美国式行为；子女反对由父亲所代表的家庭权威，不仅出于个人的动机，而且还能得到社会的赞许，而具有欧洲式特色和教养的父亲，往往需要子女过度的服从。

对个别父亲来说，是否妨碍或帮助他的子女变成与他们不相同的人物，是无关紧要的问题；而他们的子女为成为一个美国人，就需要拒绝以父亲为仪范、为威权的来源。这一点，作为父亲有时候很难理解。变种一旦确立，它就将继续维持下去；因此，一个美国人与他的移民祖先不管中间隔开多少世代，他总是不承认父亲的权威和仪范，而且也预料到他的儿子，一样会对他表示同样的排斥。

心理分析理论是在欧洲发展的；根据欧洲流行的社会及家庭结构，似乎尽可合理地说，国家内部有威势权力的位置——国王、教士、警察、军官等等——都是父权象征性的扩张。不过，这个说明是建立于不合理的假定之上的，即假定家庭的形式和父母的地位是处处相同的，且所有各地做父亲的都是具有威权的让人望而生畏的人物。较为准确的概论，毋宁是：在某一时代某一社会内，各不同情境下权力的各种形式，有彼此相似的趋势，各不同关系内同时并起的居高支配和在下受制的情感，仍保持相同的状态，并互为影响；做父亲的根据他社会内威权者的典例来塑造他的行为，其方式好比儿童根据他对自己父亲的态度，来解释社会上的权威代表。一个美国人等到成为父亲之时，他也不免趋向于根据所处社会流行的价值观念相称的方式，来维持他的地位；他对新生孩子在生物学方面所占的优势，必须与社会为一般优势地位者所规定的适当行为相称不悖。

美国人现在对权力所抱的态度，与草订美国宪法者要表示的态度实质上大体相同：权力的本身是恶劣的、有危险性的；为了国家的继续生存和发展，不免有若干人必须被赋予权力，但这种权力必须用法律加以框定和限制，对居于权力位置的人，应该经常加以监督，并且应该把他们视为潜在的敌人，予以戒备。

这种对权力概念的态度，包括对人支配人的权力以及对居于权力地位者所抱的态度，正是了解美国人特性与行为的最基本因素。这种态度远非限于政治上，就希腊与爱尔兰举例而言，在这些国家内，“反政府”虽为公认的和体面的政治立场，但教会的威权在爱尔兰，家庭的威权在希腊，对于这一点始终没有遭受质疑。另一方面，这种态度除了绝无仅有的例外以外，其间并不含有像西班牙或19世纪俄国那种无政府哲学思想的抽象理想。它们虽有政治的含义，但归根结底具有道德的性质，即认为凡是“压迫别人”的人或制度，都是恶劣的、违反良好情感的和绝对可以非难的，支配别人的权力被视为一种霸道，而追求这种权力的人，则被视为罪人。

这种态度具有多种含义，而且几乎影响着美国人生活的各个方面。因此本身具有运用权力以支配他人性质的行业成了最被人瞧不起和最受怀疑的行业。在平时为政治，在战时为军役。凡是以改善自己社会地位或赚钱以外的任何目的加入这种行业的人，都是重大的嫌疑分子。美国有若干家族，主要位于南部特别是西南部，差不多家族中世代从事军旅一行；但是职业军人的主体，都是西点军校（陆军）和安纳波利斯海军军官学校（海军）的毕业生，而向军官训练机关提名入学志愿人，却是国会上下议院议员们培植势力的政治行为。国会议员依法有提出这种保荐的权利，他们把拥护他们的贫苦且可造就的子弟保送入学。如果一个有才能的青年，既不经提名，又无家庭的传统，却宣布他想担任一位陆军或海军军官，那他就会受到重大的猜疑了。

被大家相信是为了个人利益，为了赚钱，或为了改善自己地位而参与政治的政客，并不被视为嫌疑犯。这是被认为正常的和可以理解的，是在近于合法范围以内的行业，正同簿记业或在禁酒州内违禁贩酒的行业一样；它不是可以令人钦佩的或特别可敬的。但假定不至于太藐视法律，则让现成有人可以替人“弄到”车票；可以替亲戚中比较庸碌的在公家机关中弄到一个差使；或保证公共工程建筑能够被交给适当的行商承包，也有极大方便之处。支配美国大部分大城市的政治“结党”行为，并没有受一般的和普遍的道德上的斥责，正好比对违禁贩酒者并无普遍的道德上的斥责一样；国内确实有许多人希望最好不要有政客和违禁贩酒的私贩，但是无人认为两者中任何一者会威胁社会的安定。既然法律以及必须执行法律的政客代表权力的一面，那么美国人一般的态度必然包含种种矛盾：一方面最好别人都能奉公守法，政客最好不理睬别人的呼吁，另一方面一个人不应大受妨碍，或太驯顺地服从。而投票选举一个绝不会对我有好处的人，也属愚拙。大多数人对惠特曼向美国所提出的“多抵抗，少服从”的劝告，却一直采取充耳不闻的态度。所以在近几年，若干参议员的臭名昭著的舞弊案件，虽经暴露，但并没有引起表示诧异的愤慨。人民的一般态度倒好像有点认为不幸言中的光景；一个人能希望些别的什么呢？他们的营私舞弊，至少保证他们参与政治只是从中牟利，并不存恶毒的野心。

为了个人直接利益以外的理由而置身政治生涯的人，都是极大的嫌疑分子。他也许暗中贪婪地寻求权力，因此对他必须实行最严密的监视，务使他无从满足自己这种邪恶的欲望。我确信美国拥有许多最受人尊敬且最可尊敬的人士。罗斯福总统就是其中的一位，但现实生活中，对已故的罗斯福总统及其一家抱有几乎近于病态的仇恨心理者也不少，产生这种仇恨的根本原因即源于此种道德态度。社会上曾有过各种关于这种仇恨心理的、自圆其说的解释，虽然各种解释并无自相矛盾之处，但其中大部分依然是虚伪的；不过这种仇恨心是足够真实和深刻的。但是没有被充分同化和地位相对不稳定的人，却把他当作父亲一样敬爱，大家感到一种受保护的慈祥的权力；至于此外的人则只看到权力，以及罗斯福显然乐于保持他自己的地位；结果不管他做些什么或没有做什么，大家都感到他将成为一种对公理的威胁。

这种对居于最高权力地位者所持的态度，不可避免地造成了一种左右为难的情形，这也许可以帮助说明拉斯基所注意到的、强有力的总统与羸弱的总统轮流迭起的现象。一个强有力的总统，代表一种道德的威胁；而一个羸弱庸碌的总统，即使他自己和他的属僚洁身自好，也将使国家的形势岌岌，甚至陷于近乎无政府的境地。因为按照宪法中缜密的规定，总统的权力是任何团体都不能越俎代庖的。

完全由只求自利的人，或由唯利是图、转移新阵地活动的“生意人”来组织政府，这种想法不管如何娓娓动听，总之不是一种切实可行的办法。政府本身是必须具有某种权力的，因此，凡居于较高权位的人，都不免带有这种罪恶的气味。这种从道德上就被摒弃的观念，可以帮助解释为什么美国人对他们的政府普遍抱有鄙视的态度；不论哪一批人执政，政府中的人都被认为是“他们”，实际上绝不会成为“我们”。政府是人民以外的东西，它的利益与社会的利益不同；政府的主要目标是增加它的权力，而公众的主要天职，便是抵抗政府扩大权力。大家承认，具有某种权力的政府是必要的，但公民务须保持警觉，把政府的权力限于最低限度。政府是必要的罪恶，但普通人专注于其罪恶的一面甚于其必要的一面，它便自然不能获得人民的尊敬。在叙述政府适当地位的谈话或著作中，最常用的比喻是把政府比作像棒球拳击一类运动中的公正人；公正人只能按照已有的规则（宪法）行事，不得自作主张；运动的真正目的为竞赛，但公正人自己是不能下场参加的；公正人的责任仅在于防止竞赛者有违反公道、偷巧的行为。在美国的运动中，尤其在棒球赛中，公正人并不受人尊敬：他常常遭遇非难，偶尔还会受到球员来势汹汹的威胁，至于受存心偏袒的观众的侮辱，更属家常便饭。不过，美国政府中，“公正人”的一面却极少遇到怀疑与藐视：极少有人怀疑最高法院和它的法官意图不当地增加它或他们的权力。

最高法院是政府中不受重大怀疑的唯一部分。任何增加政府权力的企图，至少在最初的阶段中，都会引起最大的道德上的愤慨和抵抗。这一点在提议政府负责设计的事例中尤其明显。“偏好”私人企业，并不代表相信这种生产或分配方法一定比其他方法好；凭理解而得的信仰，也不一定是一种掩饰，以便能够在幕后保护私人追求利润的利益和希望；它实在是一种深切真诚的、有半宗教气味的道德态度，也同印度教徒嫌恶宰杀牛一样，不接受理性的辩解。反抗政府规划既然根本上带有道德的性质，于是每遇政府有一次提议，就得从头斗争起。美国的田纳西流域管理局，也许是世界上前所未见的、大规模设计最成功的例证：在管理局开发之下，沙漠变成了沃土，摧毁一切的潮泛有了管制，整个地域的人口过着日趋富庶健康的生活，而整个事业在财政上足以清偿债务而有余；在这种情形下，人们一定会认为统一管制流经几州的河流，理由已经有了完全的证明。但是等到提议成立密苏里河流管理局时，仍须从头重新奋斗。大家既已认定权力的扩张本身为罪恶，且须加以抵抗，任何先例都不能改变这个事实。

这种畏忌权力的心理，使美国成为一个非军国主义（“爱好和平”）的国度。个人的乐于用武和社会的乐于作战，虽尚未被证明这两者之间是有关联的，但在这类相关思想的范围以内，美国人对于用武或暴力并无特别讨厌之现象。梅特曾经提纲挈领地叙述了关于用武所应有的规则：挑斗者不应打第一拳，被打的人不应比打人的一方瘦小或羸弱太多等。乡间和小城镇上的男孩子，为证明他们的男子气概，有时候便将一捆木材放在他们的肩上保持平衡，如果有哪个人敢把他们肩上的木材撞倒落地，他们就将和那个人动手打架。而且除了这一类伦理地和友善地用武以外，在美国的商业、工业和政治生活中，暴力和暴力的威胁占有重要的、而且往往是主要的作用。在报纸、书籍、电影以及专门论述流氓和强盗故事的无线电广播中，曾经把没有法纪的暴行做过度宣传；这一类活动，虽然不像外间宣传的那样常见，但无论如何总是有的。政党的统治，通常都是靠暴力和欺诈而维持的；直至最近，资方曾使用最大规模的加于身体的暴行，来阻止成立或增加工会；今日仍有许多工会，是靠使用加于身体的暴行，或以此为威胁来维持或增加会员的；许多独立的企业和自由职业分子在这样的威胁之下，不得不就范。许多美国人在他们的职业及政治生活中，都是深恐身体受到暴行，才不得不循规蹈矩的。大家对凡能“采用”这种暴行的人，虽普遍在道德上并不赞同，暗中却流露一种敬慕之感；但对那些“受得了”这种暴行的牺牲者，即能以勇气和镇静来抵抗虐待的人，尤其有更大的和更为公开的钦慕之忱。在美洲的“平原印第安人”（指居住在洛基山脉以东大沙漠地区的印第安各部落——译者）中，凡能一面身受非刑，一面歌咏自如、至死为止的人最受崇拜。这种行为，在现在住在他们故土上的人民（即指美国人——译者）中受到了相当的敬重。大部分数量在增加中的公众娱乐节目，尤其是无线电节目，都是以客串的人当众受辱为中心题材；而在美国“硬汉”派侦探小说中，通常有主角身体受到伤害的一节。

所以美国人反对军国主义，并不是因为一般人对于用武和暴力望而生畏；他们反对军国主义，实起于憎恶权力；而在现在的军事服役中，势必包括纪律，听从军官的调派和命令。我在和退伍军人的谈话中，发现他们在战争中虽不把日本人当作人类，但对自己军官的恶感，甚至比对敌人还要厉害。由心理分析谈话所唤起的幻觉中，他们最得意的地方是对军官实行报复、侮辱和叱责。幻想中最常见的，也许是恢复了平民身份的士兵成为雇主，拒绝了同样恢复了平民身份的军官卑躬屈膝的求职。

这种幻想也透露出权势与权力两者之间微妙的差别。支配人，即权势，在道德上总是恶劣的，支配事物，或被设想为事物的抽象概念（自然资源、货物、服役、货币、动产）即权力，在道德上是无所谓善恶的，而且在某种缺乏良好界限的范围以内，甚至还是值得赞美的。这种差别，其源于情绪的成分多于理智的成分；在前面所举的美国士兵的梦想中，那位退伍军官的生活所受的重大打击，是消极地被排出于大门之外，而非积极地受到强制胁迫。在美国公众生活中发生的大规模的社会经济变动中，一般人怀疑合法的权力正在转变成为不合法的权势；20世纪之初，则表现为对当时以洛克菲勒为代表的大资本家的群起攻击，结果遂有反托拉斯法的通过；最近则为攻击以路易斯为代表的强有力的工会领袖，结果遂有许多反工会的法律形成。至于权力到了什么地步才变成权势、或有变成权势之虞，是可以理解而无法说明的；它是一种关于大小程度的现象。

因为权力，尤其是大的权力，有变成权势的可能，所以凡是居于大权地位的人，必须本身表示出并无权势，或有谋取权势的野心。他们必须尽力成为寻常的公民，具有与其他公民相同的利益和习气；不管他们私人脾气如何，他们的举止须和“同道中人”一样，欢然握手，外表亲热，记牢同群中人亲昵的名称，在接见下属之时，不妨袖管卷起，把脚搁在桌上，言语粗俗；如果他们有任何私人的利益，应该限于很单纯和人人皆能达得到的。洛克菲勒（在未获伊维黎干练的服役以前）之所以不受欢迎，可以说就是因为他未能展示出这种公开的品格，而美国公众讨厌路易斯比讨厌与他同时代的其他任何人都甚，也是为此之故。

如果大权在握的人士不愿接受这种谦卑自逊的地位，这种地位也可能被强加到他们的身上。下面一个故事最可以佐证这一点。有一次，势力强大、态度谦逊的摩根在被传至参议院一个委员会中做证以后，出门即被摄影记者包围起来，他们把一个偷带进来的小孩子，硬放在他的膝上，拍成了一张照片。从任何理性的观点而言，这件事是没有什么意义的，它只是一张不协调的照片而已。但是照片一经发布，便不胫而走，虽经多年甚至在摩根去世后，大家想起来此事仍感兴奋，这证明这张照片具有极深刻的情绪上的重要性。那么这张照片究竟诱发了那些影响呢？虽然它并没有使摩根所有的、许多人认为有危险性的金融权力减少一分一厘；但它多少使摩根暂时变成可笑的样子，它减少了他和权势人物相似的程度；一个膝上坐了一个孩子、满脸惊异的人，不是可以激发别人尊敬或使人望而生畏的人物。

尊敬和畏惧，是对个人化权势最常见的情绪反应，所以被列入美国人认为最痛苦的情绪之内，并且很小心地加以避免。他们一旦遇到了可能引起这种情感的人物或情形，便尽一切努力利用轻率、矛盾或罗织，把这种人士或情形贬低至不配这一种情感的地位。马克·吐温的《在亚瑟王朝的康涅狄格州的美国佬》和《傻子国外旅行记》也许是在文学方面表现这种反应的最显著和几乎最细致入微的例证。除了著书立说以消除错误的情感做更为持久的努力外，报纸上随意闲谈的专栏，坦白写真的照相，以及文艺性的侧面描写，更继续发扬这种努力。在美军占领罗马后，有一位美国军人于占领罗马的第二天爬上了威尼斯宫，模仿着墨索里尼向群众大声地发表演说的样子，还被拍成了照片。之后美国报纸和新闻片几乎都曾予以发布，它就是美国摧抑权势态度的一个愉快的象征。它也许全无政治的含义，它的意义即在于把这样一个权势的象征，降到了每一位美国母亲所生的孩子都能达到的水准。

美国人之所以对温莎公爵的婚姻生活有着如此持久的兴趣，以及美国报纸之所以连篇累牍地刊载伊丽莎白公主的婚姻故事，一部分即出于同上一样的理由。这并不是如有些天真的外国观察者所说，美国人对英国王室有什么恋慕的心理，实在只是把那些可能引起人们敬畏之心的人物，降低到最普通的凡人的水准。

美国有许多人，对天主教抱有强烈痛恨和政治性的反对态度，一部分的因素，即出于同样的感情。在近年中，这种反天主教的感情只有过一次表面化，即 1928 年民主党总统候选人（指 A.E.Smith——译者）为天主教徒之时。但人们通常为了政治的和商业的理由而保持缄默，因为全国人口中有近六分之一为天主教徒，而且这也许是国内组织最良好的集团。不过，这种反天主教的情感总是存在，并且有爆发的可能，而且也不限于穿黑色睡衣的病态顽固分子（指三 K 党——译者）。教皇是世界上唯一一个不能硬把一个孩子放在他膝上的人，也不能把他卷入桃色纠纷之中，也不能拍他的背，对他做亲昵的称呼。

除教皇以外，斯大林也许是最不易把他做合于人情的处置的人了，最难把他表述成与其他人差不多的人物，但在第二次世界大战中，希望和苏联维持友好关系的时期内，美国的记者相当卖力，对乔伯伯（Uncle Joe，斯大林的英语第一名为 Joseph，美国人为表示对人亲热，往往将名之尾部略去——译者）的家庭生活，做了一番详尽的描写，其中包括一次谣传的爱情事件，而最为愉快精彩的地方，为斯大林的烟斗不离口。他最喜欢的烟草就是一种在美国的普通市场上就能买到的烟草，在美国街头角落的药店（美国所谓药店，往往兼售化妆品、文具、点心及烟草等等——译者）内都可以买得到。

在这方面值得回忆的，还有美国人对于日本人向他们的“天皇”所表示的尊敬和畏俱有着极度的道德上的反感；他们感觉到所谓的“天皇崇拜”，是民主政治的直接敌人。所以他们对于新闻记者和联络官员一旦得到政治安全许可，便把日本天皇裕仁的地位在日本人的眼里降低至与寻常人一样（或者至少希望如此），不禁发出近乎神圣的欢欣赞叹。过去美国政府不准在战时进行这种工作，这曾成为引起最强烈攻击和怀疑的根源；这种自制的政策虽经时势证明是完全正确的，但若干被认为对这种政策负主要责任的人却因此不得再在美国政府中继续任职。

这种关于人与事之间的差别，在畏俱的情感方面也同样正确。对人表示畏俱，通常是痛苦的和不可宽恕的；但对事，或者对被视为事物的抽象思想表示畏俱，则在许可之列，而且在有些情形下，还有表示敬畏的义务。例如国旗等代表自由与民主一类观念的抽象体，若干与美国初期历史有关的建筑物和地点，例如自由钟、林肯纪念堂及亚拉摩建筑物（美国得克萨斯州赛多尼亚城的一座教会建筑，1836 年 1 月遭到墨西哥人围攻，3 月被墨军占领，美驻守部队全被歼灭——译者），都是可以引起畏俱和尊敬的适当目标。大规模的观念传播也自然可以引起长久的敬畏之感。

在美国青年的整个生长发育期中，他们不断地努力认识权势，以及学习对于设法运用权势的人应抱何种适当的态度等知识。结果等轮到他们做父亲的时候，发现他们对儿女的适当地位的期望，因为社会普遍反对人对人实行权势支配的消极制度，已被规定和限制了。即使他因冲动而想独占他的子女，要子女对他作无条件的服从，他也不可能得到他的妻子、邻里和社会的支持。国家内权力分配的模式，在家庭之内也有着其雏形的表现，父亲好似代表行政部分，母亲代表立法部分，以学校教师为领袖的邻里则代表司法权力。子女的地位与人民相似，他们利用一种权力来抵抗另一种权力，采取由相制而达平衡的办法来维持他们的独立。这个比喻虽不免有点推之太远，但的确能表现出美国寻常家庭结构的特色与欧洲常见的父权家庭景象的迥然不同，而且反其道而行之，把父亲的权力全部不加改变地移交给母亲。

因为美国的许多社会制度、法律和若干宗教都源自英国或其他欧洲国家，这使得美国家庭实际结构的图像显得格外混乱。家庭的形式，除了最贫苦的黑人以外，仍旧是父权的；子女仍取父亲的姓氏，虽然现在以母亲的闺名为中间名字者已经很普遍（西方人姓名一般包括三个名字，其第一名为受洗礼之名，最末一名为家族名，例如富兰克林·德兰诺·罗斯福总统全名为 Franklin Delano Roosevelt——译者）；妇女最近才获得全部的公民与法律地位的平等，但许多最显著的荣誉位置，仍专为男子而保留。不过形式虽然相似，但美国家庭的内容却和欧洲及亚洲大部分的父权社会大不相同。

在儿子被改造的过程中，第二代美国人最有切实的经验，他们认清了所有美国父子之间的关系与期望，知道做父亲的决不能独断专行。即使他并非是有缺陷的美国人，但既为父亲，照说就几乎一定是传统的，不懂其子女所醉心的时髦和潮流，不习惯子女所爱好的新近流行的玩意儿。他不是，至少不能长期成为供给儿女新知识的根源。他也同他初移至美国的第一代父亲一样，并不希望他的儿子们像他一样从事同样的行业，或保持安身于同一社会阶层。如果他的儿子们能强爷胜祖，赶在他的前头，那就是他的骄傲和他的价值的证明。除了他从根本上是男性这一点，父亲并非希望儿子效法自己的仪范。

上面的论述对于父亲的地位做了消极方面的解释。那么他积极的方面有哪些呢？首先他是、或者应该是家庭中赚钱的人，尽一切努力使子女能受比他更好的教育，拥有更良好的“背景”，获得更良好的机会；他的主要任务，即在于使他的子女能超过他。他可以、而且应该使其子女能够向邻里夸耀他的权力，“我的父亲比你的父亲高大、强壮、富有和能干”，借以改善其子女与邻里的比较地位。他应该是儿子们的一个“伙伴”，帮助训练他们具备一套专为男性而设的关于战斗、游戏、狩猎等技术。他应该支持母亲和教师所谆谆教诲的道德观念和规则，并身体力行。

就最后一点要求而言，言论与行为之间一贯存在矛盾。一旦儿子们度过了儿童期，父子之间便极普遍地存在着串通勾结的现象，他们共同抵抗或躲避家庭及社会行为中女性的规则；从“不要被你母亲捉住”这一惯用语中便可以看出这种沟通“阴谋”。美国父子间最愉快的相处模式似乎就是根据他们的男性立场来共同抵抗女性的要求。在相对不大愉快的家庭内，早年父子两人在潜移默化中所受到的母亲的爱护抚慰却打破了他们的团结，进一步地产生了对立；等到儿子到了青春期及以后，关于何时使用家庭的汽车，听什么无线电节目，和选用些什么作为父子之间必须共同分享的便利，父子之间也更容易有公开的冲突。在这种争执中，父亲往往是失败者。在美国，年轻人普遍把自己的父亲称为“我的老头子”。美国是属于青年的。

除了《纽约时报》是显著的例外，几乎每一家报纸都刊发有滑稽连载，而且一般至少有一面。它们团结几乎所有的美国人，这是他们享受一种共同经验的少数重要联系之一（第二个联系是电影，第三个联系是总统选举）。一个人离开大城市和大西洋沿岸，越往内地走，报纸上刊登国际新闻，甚至国内新闻的篇幅越少，而关于地方新闻的篇幅越多。但是却没有一家报纸吝啬到连全国发行的滑稽连载都不登的。当一个人在全国范围内旅行时，他可能不晓得国会或在联合国会议中发生了些什么，但如果不晓得“超人”、阿勃纳、巴洛加、华勒特（以上皆为美国报纸流行滑稽连载中的主角——译者）以及这些全国发行的幻想连载中其他主角的最近的冒险故事，就不可饶恕了。

最早、最流行和今日仍在继续刊载中的这种连环插画之一名为《怕老婆故事》。故事中的主角杰格士和麦琪虽仍有他们的信徒，但故事的内容和技巧，在今日看来似乎已经过于陈旧和古怪了。《勃朗第》也许更可以表现出关于美国家庭流行态度的观感。《勃朗第》是容许时间发生作用的少数连环漫画之一——就我所知的还有《汽油路》——在它连载期间，主角由孩提而至成人，成家立业，生儿育女。因为这些漫画包含了时间因素，所以免不了有些牵强附会之处，但同时也具有那些无时间因素幻想插画所缺乏的现实感，并表现出了美国生活中许多共同的形式。《勃朗第》中的主角是一位沉静、漂亮、衣饰入时的中产阶级妇女，漫画中包括其家庭生活中一连串不连贯的、具滑稽意味的插曲。她的丈夫达格渥特是一位不修边幅的公务人员，他每天早晨必须赶公共汽车上城里办公。一般来说，他是庸碌的、无能的、贪婪的（他常常偷偷溜到厨房里做些稀奇古怪的三明治吃）、耽于感官爱偷懒（在办公室和厨房以外，他把时间更多的浪费在了在沙发上打瞌睡或者赖在热水盆里不起来上），平常脾气温顺、态度随和，但偶然也会突然冲动，做毫无结果的狂怒。在早些年，这则喜剧漫画主要叙述勃朗第利用巧妙的技术，使他们得以避免由达格渥特闯祸而造成的恶果。他们结婚几年后有了孩子，第一个生下来的是儿子，名叫亚历山大，酷似他的父亲，最近又生了女儿歌姬，像她的母亲。在我和达格渥特一家分手时，亚历山大已进学校，在他和父亲日占上风的对垒之中，引出了许多滑稽的事件。

书中的达格渥特虽然不免夸张过度，但他代表了大众对于美国丈夫和父亲所抱的一种极为普遍的态度。达格渥特是和善的、尽本分的、勤恳的，在其限度以内用心甚好的；但他已经放弃了任何权势的要求；要是没有勃朗第的逢凶化吉，家庭即有涣散和大祸临头的危机。

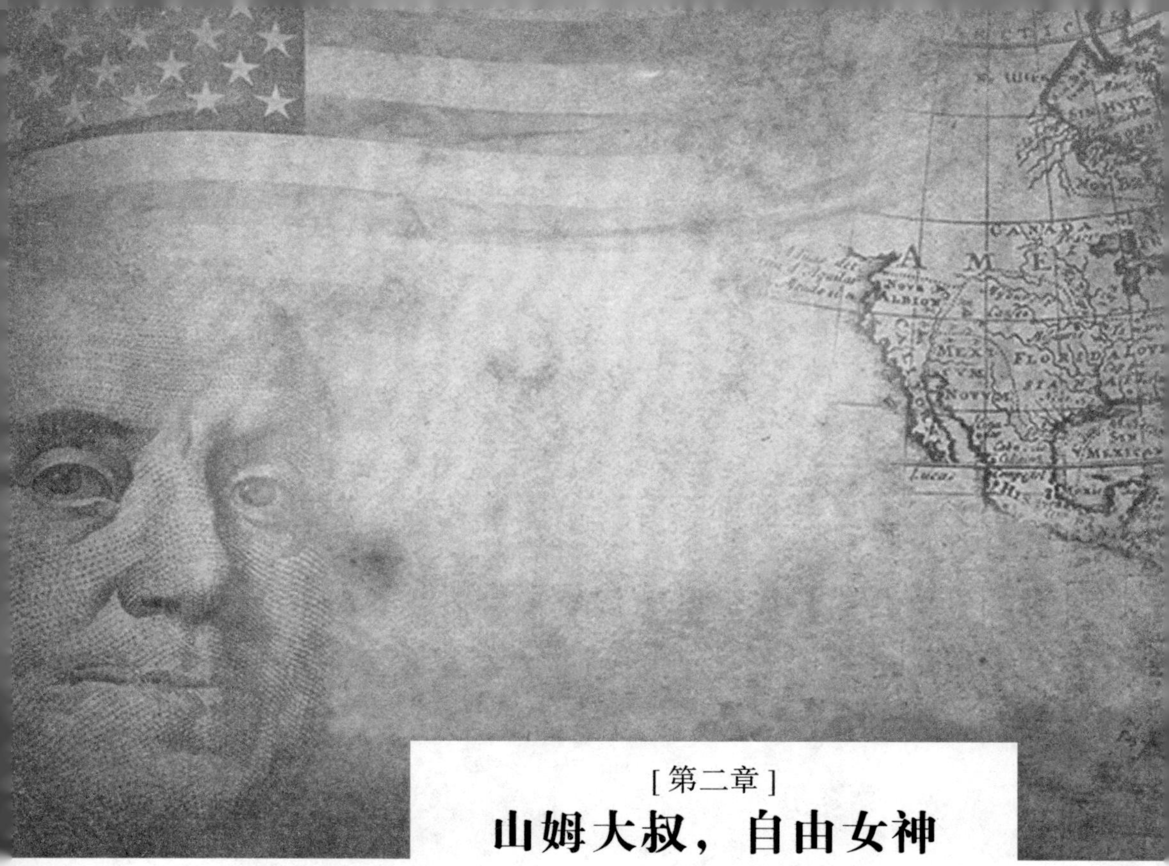

[第二章]

山姆大叔，自由女神

一般用以代表美国的画像有两个。一个是极端瘦骨嶙峋的、身材很高的老人，他的灰色的胡子被修剪成老式的颌下美髯，他穿着饰有美国国旗的星条花纹的老式服装。一个是健壮的、母亲一般的女性，穿着古典式的飘动的外衣（现在结婚等典礼中已婚妇女所穿的礼服仍极似这种外衣），头上戴冠，一只手里执着一把火炬。在招贴、讽刺画或徽章上，为了表示美国，人们常常轮流交替使用这两个肖像；但据我所知，在什么情形之下应该使用哪一个肖像，目前并无公认的规则。

一般用以代表美国的画像有两个。一个是极端瘦骨嶙峋的、身材很高的老人，他的灰色的胡子被修剪成老式的颌下美髯，他穿着饰有美国国旗的星条花纹的老式服装。一个是健壮的、母亲一般的女性，穿着古典式的飘动的外衣（现在结婚等典礼中，已婚妇女所穿的礼服仍极似这种外衣），头上戴冠，一只手里执着一把火炬。在招贴、讽刺画或徽章上，为了表示美国，人们常常轮流交替使用这两个肖像；但据我所知，在什么情形之下应该使用哪一个肖像，目前并无公认的规则。

“山姆大叔”基本上代表美国的政府，主要用于代表政府有所要求的方面，偶而用于磋商方面。当政府要求人民做牺牲或忍受损失之时，“山姆大叔”便冲在前线：“山姆大叔”需要你或你的孩子参军；“山姆大叔”要你以储蓄购买战债；“山姆大叔”需要你的钱缴付租税；“山姆大叔”要求为了支持战争，少用电话、运输或电力。这是他最常见的任务，他是代表一个受轻视的政府最不愉快和带干涉性方面的具体表现。有时在讽刺画中，会画到他和其他各国政府谈判的场景。画中虽然将他画成一个精明强干的商场老手，但他几乎次次都无可避免地受到同伴的欺骗、掠夺或欺诈。有时“山姆大叔”从“人民的钱”中拿出一部分，送给其他国家或送给特殊的美国人团体，其中有些是值得给的，比如退伍军人的年俸，但以养活带寄生性质的人更为常见，例如建设工程管理局（W.P.A.）养着一批艺术家、舞蹈者和懒惰分子。须附带一提的是，就我的记忆，把“山姆大叔”画成救世主或者他所救济的、有价值的分子的讽刺画寥寥可数；而他更为普遍地被描绘成接受恩惠的人，他们对于这种非分的所得也许良心上有点不安。

以上关于“山姆大叔”职务的摘要叙述，可以解释为什么大部分美国人对于这样一个肖像采取消极的态度。我曾引为乐事地询问过许多美国人，问他们和“山姆大叔”之间究竟有什么象征的关系。没有人承认“山姆大叔”代表他们若干的特色，虽有“大叔”一词，但多数人否认和他有什么亲属关系。由他的衣着可以断定他的时代，而大多数美国人的祖先与他同时代的祖先，并非像他那样是新英格兰人。他们同他没有关系，无所谓爱也无所谓尊敬，但对他最好勉强服从。

至于自由女神的情形就大不相同了。她代表慷慨大度的美国，从她的无限供应中倾倒出源源不断的珍贵财货。她代表自由之地的美国，手里高举火炬，为迷途者照耀出通抵民主的大路。她也代表机会无限的美国，凡精勤奋发的才智人士，都可以得到她的宠爱。

自由女神像——“自由照耀世界”——被奉为偶像的历史是很有趣的。她到美国的时间比较迟，是由法国人民送给美国，作为美国独立100周年纪念的礼物的（顺便一提，法国是习惯于以女性肖像玛丽安代表自己的唯一大国）。女神像的设计者是一位热烈地爱慕着美国的法国人巴托尔蒂，他用他的母亲夏洛蒂做塑造女神的原型。她被置于纽约港外贝德罗岛上，背对大陆，面向海洋，成为来美移民或倦游归来的国民抵达国门时触目所及的第一个重要景象。在女神像的底座内刊有一篇最美丽铿锵的铭词：“提供慈母般的关怀和欢迎。”可是这个诺言在最近整整20年内都没有兑现。她成了游客去纽约观光参观的对象；女神像是中空的，游客们可以爬上她的身体，从头冠的罅隙处凝视纽约及其港口。她并不是一种要引人敬畏的对象或景点；普通人对她通常有一种熟悉和喜爱之感。纽约人是绝不来参见她的，除非在不得已的情况之下，应“乡下亲眷”之邀，才来此盘桓一下。

我之所以详细讨论这两个肖像的含义，并非因为我对偶像有何单纯的爱好。这两个像，以象征的速写方式，表现出了一个重要的心理真理。美国就其慈善、富饶、理想的方面而言，照（美国人的）设想是由女性代表的，只有在攫取和需索的方面，才由男性代表。美国国土的本身（在较老的偶像中，哥伦比亚女像代表美国）是女性的；为取得这片土地，人们或求婚，或引诱……

美国这种崇拜女性的情形并不是一下就充分发展形成的，像希腊神话中从主神宙斯的头里突然跳出来的雅典娜女神一样；在它发展的过程之中，随着时间而继续成长，现在还看不出最终会有怎样的结局。

在上一章中，我曾提纲挈领地说明美国人在道德上反对一般的权势，而家长的权势尤为众矢之的。为符合这样的见解，儿童在成长中应该不受任何权势的限制（在若干更狂热的以进步自诩的学校内，曾尝试实现这个目标），但这一点在实践之中被证明是不可能的。全无管束、全无训练的儿童，不只是对他们自己太危险，对家长来说也是受不了的障碍。儿童完全不受公开权力的限制原本便是理想，然而美国接近这个理想的程度，也许要超过其他任何西方国家；但是某种的权力总是要的，总要有人去执行奖励良好行为和惩罚不良行为的任务；父亲的地位既然差不多等于名存实亡，那么这种职务的绝大部分，也就由母亲所接管了。

父亲对其年幼子女所具有的家长地位通常是人为造成的，因为婴儿在生物上是倚赖于母亲的，而且母亲足够负起照护的责任。但人类并不单纯过生物的生活，在大多数的社会中，父亲在训练子女，特别是儿子，在奖赏许多的行为和惩罚嫌恶的行为方面，常占重要的地位。父亲这种地位变得废退不全的情况，没有再比美国更甚的。

在一切社会中，父亲具有社会的作用，母亲具有生物的作用，这两种作用的对比，也许可以帮助解释为什么在美国的家庭中母亲占有比较优势的地位。在最紧要的移民第二代里，父亲因为具备种种缺点，不足以成为儿女的仪范，加上一般人对权势又持反对态度，遂使父亲的社会作用大为削弱，而母亲的生物方面的重要性，则始终大体维持。她也许和丈夫一样，是旧式的、带有欧洲的思想色彩的，但这些缺点不会妨碍或侵犯她照顾、爱护和养育儿女。对母亲是不能像对父亲那样置诸脑后的，而且公众的态度也没有做抛弃母亲的要求；这样一来，母亲就成了美国家庭中占支配地位的亲长，之所以如此，倒不是她对于过度的特权或势力有任何的要求，应该说是因为父权名存实亡、水到渠成的结果。

关于在近代美国社会中妇女占有毫无疑问的高位并且产生深远的影响，曾有各种其他的历史解释——例如边境的继续扩张和美国历史上重要时期内妇女的极端缺乏等等。这些也许是有影响的原因，但它们当然不能解释一切。这种解释中所说的情形，原不是独一无二的现象。19 世纪的澳大利亚和新西兰即有极相似的现象，但结果却大不相同。

美国的母亲僭占了，或者说被驱使包办了教养子女的主要任务；而在大多数其他社会中，教养子女的任务是由父亲或由父母共同担负的。这一事实对于儿女的性格有着深远的影响；而且因为这也不是一件新奇的事情，所以也影响到了成人的品格。

我们对于个人受伦理思想影响的道德品格，其如何形成的途径，现在已有相当明白的了解。在揭示某一种道德品格的社会之内，父母（或父母的代替人）用奖惩的方法来训练儿童，这便具有一种伦理的观点。凡儿童的行为合于规定的道德标准，则加以厚爱和奖赏，如果他们有违背标准的行为，就要失去欢心，受到惩罚。即使父母不在身边的时候，儿童也会采用想象的方式，学习那些合于道德标准的行为，就好像父母在身边表示出喜或怒、奖或惩似的；继而儿女的行为习惯成自然，好像是把他们父母的赞许和反对的态度接收而变成自己的一部分一样。这种出自内心的自制，成为整个人格的一部分，心理分析学家称之为“超我”，在日常用语中称为良心。

美国人的良心有一个特异的地方，即它主要带有女性的色彩。因为在训教儿童和实行奖惩方面，母亲占据主要的地位，所以良心中所包含的母亲方面的成分，要较父亲的成分为多。责任与正常行为变成了女性的形态。

这种情形，使将来为人母的美国女儿的地位，特别舒服且直接明白，并且帮助我们解释为什么这种情形得以继续维持，和为什么美国妇女具有那种显著的安适和怡然自得的状态。但就美国男性的儿子而言，情形就要远为复杂和纷乱了。

一个道德的、训诫的和指摘的母亲，好像就置身于他内心之中似的，随时牢牢跟着他。在所有被认为发生道德考虑的方面——在美国这尤指人与人的关系——男人的一举一动，似乎是听命于（或者反抗着）道德上的母亲所宣告的规则和禁戒的，因为实际上的或存在于内心中的母亲，不单在她和其他女性表现身手的领域以内为儿子规定好什么才算正当的行为；即使在她和其他女性不能有所成就的领域内，也制定好了行为的规则。梅特女士曾经详述美国母亲如何教孩子在什么时候战斗（但显然不是如何战斗），以及美国男子如何设法在母亲保持和平的训诫，与他自己保持不屈不挠两者之间得到调和。同样她也要求她的儿子应该成功，虽然她不能说出他应该如何实现成功。她的规则和明白的禁戒，甚至伸及男子性行为及饮酒等方面。

道德行为规则被认为出于女性的渊源，这一事实成为使美国男性陷入重大纷扰的一个重要根蒂。他们对于干涉他们本身行为的这种阻挠，有愤愤不平之势，然而却又不能置之不理，因为固执的母性的良心，原为他们人格的一部分。这种情形，常引致他们做出外表看来矛盾的行为，这也是使大多数非美国人遇到美国人时有时感到莫明其妙的一个主要原因。

这种事态的第二个结果，便是所有男性行为的美德：谦逊、礼貌、优雅、整洁，这都被认为是女性要求的让步，而非本身良好的修养，应为一个正当人士行为中所应该有的一部分。这些特点既然被认为在无可奈何的心态下才有的，于是便被认为烦琐可厌，一遇有适当的机会许可，便去之唯恐不及。虽则在摆脱之时，心里仍不免有些不安。在和平时期内，这种机会有固定的形式——扑克牌局、钓鱼旅行、政党大会和学校内的同学会或联欢会；在战争中，军队不仅允许，甚至要求放弃大部分这种家庭内的禁忌。一方面是男性社会的要求，另一方面是存在于内心的母亲谆谆劝告的声音，其间的冲突，往往成为新入伍的青年内心矛盾的最大原因，结果造成的精神病态者，也是屡见不鲜。

母性良心的权力，虽然具有固执独断的性质，但在多数的情形中既不是绝对的，也不是可怕的；它被感觉到混杂有抚爱和谅解的成分……

接受女性式的良心和女性式的价值标准一事，其最初的原动力是由母亲所给予的；等到6岁以后，再经一番加强的工夫，因为在美国，小学及中学的教师绝大多数由女性充当。美国学校教师的地位，超过任何欧洲国家教师的地位；她们除了灌输知识以外，也是纠纷的仲裁者、恰当的美国式行为的指导者和象征。在大移民时期，使外来移民的子弟成为小美国人主要是学校的功绩。通常，学生和他们的家长都接受教师的判断，并且认为是合适的美国行为的真实指导；教师实为美国精神的根源。现在除了少数都市区域以外，第二代美国人在人口中所占的比例虽然比以前要小得多，但教师作为正当行为指导者的地位依然很高；她们比家长要更符合时代要求和“科学化”。在19世纪全国继续扩张的过程之中，新英格兰的妇女在教师中占据了极大而重要的部分；由于她们的影响，清教徒式的伦理思想（虽然只有一小部分人信奉清教徒的宗教思想）因而获得了公众普遍的拥护。

就第二代美国人而言，他们的家庭仍反映出若干修正了的欧洲形式，教师在心理方面尤占重要的地位。因为只有小心听受她的训诲，一个人才能变成标准的美国人，摆脱其父母含垢忍辱的外国色彩。它比母亲的声音更为冷酷和锐利，因为它并不像母亲的声音一样含有爱的成分。

除了在不合常规的家庭内和在装腔作势的富人中（他们把儿子送进那些被轻信为仿照英国模式的寄宿学校），大部分孩子都是在不折不扣女性权势之下达到和通过青年期的。他们的行为遵从女性的规范；他们所有的毁誉，他们在竞争的儿童世界之内所占名次的先后次序，全部由女性所给予。因此他们具有显著的女性色彩，实在毫不足怪。

女性式良心在公众生活方面的表现，导致了美国称为“理想主义”的那种独特的行为；这就是为别人规定需要遵守奉行的行为规则。这种“理想主义”至少本质并不是指导个人行为的标准，更不是身体力行，做出榜样，要他人仿行；它只是替别人的行为，立出自己不一定适用的规则。这是由母亲与教师的前例中直接引申而出的，她们为所教养的孩子立下了种种规矩和禁戒，同时双方都没有感到这种规矩和禁戒也将适用于谆谆教诲的人的身上。

然而，在一个重要的领域以内，是难得听见母亲或教师——无论实际的或内心中的——声音的，那就是在商业，或被认为商业一部分的活动方面，例如一大部分的政治生活。这是因为大家认为商业主要是处理事物的，偶然才处理到人的问题。商业的世界，被认为专属于男性的领域，超出女性道德的范围以外；商人及其发言人之所以对罗斯福总统的新政感到不满，并表示仇恨，有一大部分原因是他们感觉到新政下的社会立法正在把喜欢管闲事的女性道德引入到属于男性特权的领域以内。

美国生活中存有若干不适用道德标准的领域，这一事实使前后一贯的道德家深感惶惑，不由得不被注意。但大众更为普遍的反应是断然否认有这种领域的存在。人们对于宇宙内凡与一般伦理观念发生过度冲突的现象有一种普遍的、断然置之不理的趋势。对凡与伦理观念不合的事实一概认为不存在，并由此而建立道德，这种系统在由艾迪所创导的“基督教科学”（根据《圣经》而自成系统的宗教思想，主张以精神治疗代替药物治病，于19世纪由艾迪首先创导——译者）中有最前后贯彻的发展。基督教科学的思想系统特别适合女性化的美国道德。这种基本态度曾广布于美国生活的许多方面，尤其在应付死亡方面。殡仪匠人精巧的技术，殡仪馆的安适美丽，墓地选择风景优美之地，都是想消除死亡一事中大部分的严酷性，和使之失去大部分的意义；之所以如此，就是因为死亡这种挑战，具有绝对的性质，非享乐主义所能接受和兼收并蓄的。电影及杂志小说中以一个死了、另一个差不多一模一样的人继起追踵前者的情节的数量日益增加。同样态度的另一方面，则见于客气谈话和写作中的大量的委婉陈词。凡道德所不能管制的，即有加以置之不理的趋势。

美国妇女除了建成美国良心的任务以外，在美国社会及经济场合中，也发挥着极重要的作用。美国的《妇女家庭》杂志在持续的推广运动中曾提出过一个口号“千万不要小看了妇女的力量”，并有插图加以说明，图中的背景常有变换，图内绘出一女一男（或者就是她的丈夫），女子的选择总是获得最后的胜利。这个劝告是正确的。

作为市场研究员，在这类问题上是需要精确计算的。据他们的计算，美国全部零售商品的四分之三以上是经妇女之手购进的。这等于说实际哪一方面的设计，从领带起至汽车止，无一不需首先迎合妇女的趣味。甚至实际上妇女并非为重要消费者的方面，妇女也受到特殊的待遇，好像她们是最重要的主顾似的。例如据独立研究表明，美国男子看电影的人数比例正好与妇女看电影的人数比例相等，但好莱坞重要的制片商大体仍以必须取悦妇女观众为根据。

又据说美国国内的投资有四分之三操于妇女之手，虽然我不知道这个数字是如何得到的，也不知它的准确性如何。这个现象的一个解释，可能是因为妇女自然的寿命较长，加上精力消耗过度的大富豪往往早死；另一个解释是许多关于财产的法律，对妇女特别优待，在若干州内，尤以加利福尼亚州，这种待遇的偏颇是极端的。

美国的妇女从月经终止起，达到其最高的社会影响地位。在结婚的最初20年内（也许之前先经过一段“年轻夫妇”的时期），她们保持母亲和妻子的地位，通常连用人都没有，绝大多数人的活动范围以家庭为主；但等到她们最小的孩子安然度过青年时期，她们便可置身参加范围较广的职责和享乐了。美国人照例是结婚很早的，一旦结婚以后，便（离开农场）独自成立小家庭；因此一个妇女可以在达到精力饱满的中年之初，便已完成了她所期望的为人母的任务。

等到她教养儿女，便尽可能使他们保持身体的健康与思想的高尚，受完正式的教育，她所被期望的母亲任务便告终了。儿女最后由学校毕业以后（大多数的情形为16岁至21岁之间，虽然偶尔也有不到和超出这个岁数的情形），他们便应该达到完全的自立，根据理想离开家和从小生长的城镇，组织他们自己的小家庭。在女儿的婚姻中，母亲名义上虽然为女方的家长，然而在别人的想法中，她除了在婚礼中做一个真诚的客人外，别无其他的任务。当青年儿女仍在学期内，她是应该替他们招待照料友人的，但对已经成人的女儿的朋友，她是恕不招待的。作为一个祖母，她可以喜欢她的孙儿女，送给他们种种礼品，但对于孙儿女的教养，她却心余力绌，无法为女儿分劳，因为从她自己做母亲起，直至她女儿成为母亲止，其间儿科的技术——这是一个指代教养儿女规则的庄严名词——已经早有完全的变化了。

在已脱离学校的儿子的生活中，母亲如果可能有地位可言，那性质只有更为消极。儿子会越过她，离开她，尊敬她，并最终把她置诸脑后。美国每年在暮春中有一天定为“母亲节”，日期由总统所决定和宣布，零售商人更不遗余力赞助，他们把种种不相干的商品，大吹大擂，宣传为适于送给母亲的礼品。这一个母亲节，诚如梅特敏锐地指出的，实在就是赎罪的节日，令为人子者对过去一年的怠忽子职可以做形式上的赔偿。

这种完全置身事外，只是理想的情形；对占重要部分的妇女来说，未来的光景是十分凄寂的，她们除了久已成习的丈夫的爱情以外，别无其他的爱抚；在性的方面已到了人老珠黄，不能吸引任何人的阶段；即使身处于可以雇用一个男相好的地方，也因为顾虑身份和鉴于人言可畏，逡巡有所不敢。她们拖牢子女在一起，尤其是儿子，时间之长超过了社会所认为适当的程度。

黏住不放的母亲，是美国人心理生活方面一大情绪上的恐惧，情形正好同英国及欧洲大陆上严峻专擅的父亲相似。在许多书籍和戏剧中，都把她写成恶人（已故的霍桓特所著《银色线》尤为显著的例证），并且例如在威里的《奸佞世代》里，把她写成受人痛骂的对象。心理分析学家写了许多书籍，证明她是美军中新入伍士兵发生精神错乱或精神病态的主要的和足够的原因。这种关于黏住不放的母亲的图像，以及深恐这一种敲脂吮血的占有欲——怕自己被人占有的潜在的恐惧心——成为美国男子强烈痛恨妇女的因素之一。

不过，大部分的美国母亲并不过度黏住儿女不放，正好比大部分的欧洲父亲并不过度专横；反之，她们把精力转移用于社会的和文化的目标上。这是一个极特殊的社会现象。在所有的社会中，无论原始的或者复杂的，欧洲的或亚洲的，已婚的非职业妇女，到了五六十岁，在社会的场面上往往都是没有多大势力可言的，大多数人都是在家庭范围以内，靠着通过她们对男性亲属所能施加的压力，才有势力的。而在美国这一年龄组内的妇女，却是公民中最活跃、势力最大，以及地位最显赫的团体之一。

这类中年妇女，以及她们亟亟追求知识和智慧、尽力赶上时髦和假装年轻的样子，她们幼稚的、讲究艺术和写意的生活，她们在外面装出几乎过度的自信，用以掩饰内心最深刻的不安和谦卑，以及她们以极严肃的心情，自视为公民品德的保镖、世界命运的仲裁者，凡此种种都是容易惹人发笑的。霍京逊女士对于每周在《纽约客》中的插图，以及其他报纸杂志中许多仿效她的作品都报以嘲笑。在美国的电影、广告、无线电节目、通俗书籍和报章中，是难得见有25岁至70岁之间的妇女的；在母亲节目广告中的“母亲”，不是画得太年轻，好像非十一二岁便结婚不可，才能养得出可以馈送礼物的儿女，就是太嫌年老，满脸皱纹，老态龙钟。惠司勒（1834—1903，美国油画家、版画家——译者）的《母亲》还像是她的妹妹呢。但是出入俱乐部的中年妇女出场时，她几乎总是一个谐谑的角色，在电影中由柏尔克、布兰特或杜芒特做发噱的滑稽表现。这些中年妇女成了欧洲或美国人士演讲的、通常受人轻侮的听众（而且还付了最高的代价），她们急切认真地吸取别人的议论，随时留心显贵名人和声名狼藉的人士，科学家和招摇撞骗的骗子，教士和教师，诗人和先知，探险家和安乐椅上的战略家，作品畅销的小说家和出品无人购买的画家。她们虽然没有完全的鉴别力，却日复一日、年复一年、如饥似渴地一味追求新知识，有时还把她们啧有烦言的丈夫硬拉到一起。也就是这些中年妇女，过去和今后挤满了海洋定期轮船，大旅馆和有人引导的旅行团，奔波于世界各地，寻求她们感到在本土所缺乏的艺术、传统和浪漫史，以骇人听闻的价格买些艺术的赝品，再因自己上了当而大为愤怒（偶然做一次所谓的讨价还价，便尽可得到补偿）；她们到了一个地方，往往势所必至地发现缺乏连美国小城市都有的卫生、饮食及其他的便利，便大声疾呼，表示不满；乍遇相识，她们便肯大发慈悲地准备去纠正效法她们的落后的东道主；她们慷慨和毫无怨言地花钱，结果没有获得什么有价值的酬报。

是的，这种妇女是极容易惹人发笑的，因为在她们主妇的外表（更经她们过于年轻的打扮和化妆的强调）和她们（像女学生的）大学肄业生似的热心和严肃两者之间，有某种强烈的不调和性；但她们是不能以嘲笑者而加以抹杀的。她们中有许多人，具有公民的自觉和良知；她们有真诚的，虽然不免常是褊狭而不切实际的理想主义，没有沾染男性商业世界中的不道德色彩；如果她们深信她们的目标的正当性，就可无限制提供她们的时间、金钱和精力；如果其间似乎并不包含商业的考虑，她们还可以拉拢她们的丈夫参加。近年来，许多腐败地方政党机构得以被推翻，恶劣的当地情形得以被改善，在许多例证中，都是由有关妇女俱乐部所推动的。妇女俱乐部现在正在以前所未有的热忱，倾听自命不凡的专家——往往是最可怜的假内行和恶意的宣传家——讲述世界问题、联合国和原子弹；而美国的未来政策及在许多方面谈世界的前途，大体上正在由妇女俱乐部所决定。

这番议论如就美国以外而言，似乎将成为难解之谜，因为我在前面已经说过，别无其他社会，儿子成人以后的母亲得有这样重要的公众地位。在美国，或者因为禁酒的失败（要求禁酒为妇女们迄今为止最显著的努力），她们没有获得对她们的名份应有的重视。美国有许多其他关心政治的团体，比她们更嚣张和获得公众注意，因而某些短期中说话更有力量的团体，例如工业组织联合会的政治行动委员会、《下午报》尖声喧叫的“自由主义者”、《新共和周刊》、《民族周刊》（它的影响是超过它实际销数的）、组成压力团体的“退伍军人”、久已成立的政党，它们以及其他与它们类似的团体，对于政治的日渐发展有着直接的影响。但在所有这些团体中，代表美国女性良心的呼声，都夹杂或者可以说沾染有男性的计划损益的打算，和追求个人的或局部的利益，因而显出美国人的发言含有两种声音：一面宣扬高尚的理想，一面以最不开明的自利精神来否定这种理想。但从许多妇女俱乐部中传布出来的表现美国良心的声音，好像经过加倍的提炼，既清楚又沉着：因为这是美国母亲的发言，而同时劝善说教的母亲，就代表全体美国人的良心。

想起霍京逊女士笔下的怪物，那些有单独固执的声音，对她们自己的浴室表示不满，或对一片真正的欧式建筑表示呆板兴趣的妇女，那些妇女俱乐部的主席夫人正在决定我们的前途，未免担心丧失我们的尊严；但是我们很容易落入还不如她们的人的手中。她们是无知的，而且有自知之明，所以花了许多时间和金钱以求减少无知的程度；她们是可笑的，有时她们暗中疑心到这一点；她们通常是欠可爱而且没有人垂爱的，关于这一点她们碍难自承；她们是极其褊狭的，关于这一点她们最缺乏了解。但她们中的许多人具有高尚的原则；如果有时这些原则显得含混和不切实际，太没有顾到人性的弱点，它们却难得是卑鄙的或自私自利的；虽则用了似是而非的特殊的抗辩，可能淆乱这些原则，但不管如何巧妙设计的宣传，都不易歪曲这些原则。它们也许没有预算出一个自由、安乐和新奇的世界，因为其间所含女教师的口气过于坚执；但它们却是我们用以抵制混乱的主要屏障。如果没有这些原则，我们很可能置身于无是非和求享乐的境界之中。在这种境界内的文明之下，“什么事都行”，每个人都抢夺他所要的东西，所有企业和政治、法律、秩序都将成为不择手段的阴谋诡计；生命的唯一目的便是不择手段赚取足够的钱，不是为追求快乐，而是为寻取感官的享受；严肃成为痛苦无意义、不能忍受的，而酒精成了可以指示出没有快乐的升平时代的路径。美国大多数的大城市，已经很危险地濒近这个境界，它甚至可能囊括全国；挽狂澜于既倒，抵抗这种虚无主义的进展的，就是这些妇女俱乐部的主席夫人、狭隘而过度紧张的女教师。她们实为自由女神现在的化身。

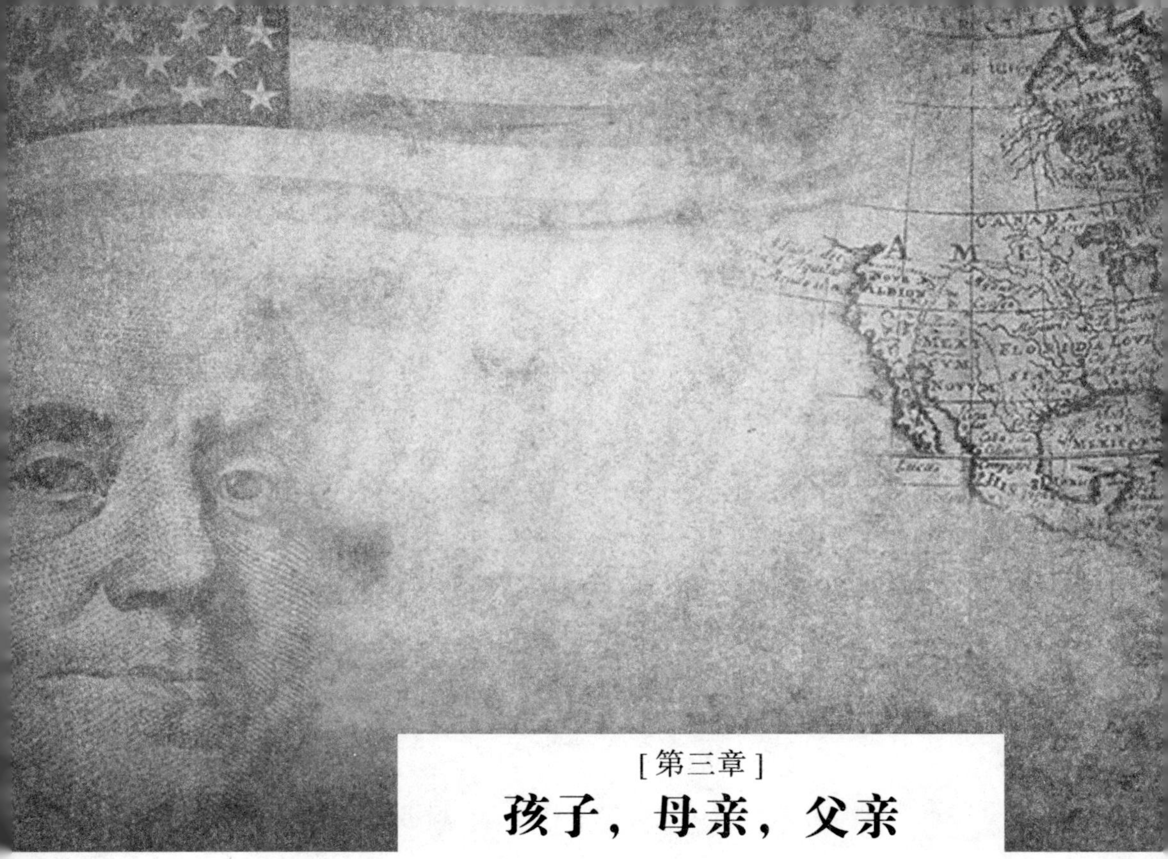

[第三章]

孩子，母亲，父亲

在美国人心中，孩子生下来是没有过失的，好像一张白纸，此后如有任何弱点，都是出于不可制御的环境，或出于父母无知或恶意的结果，父母毁坏了一个若非天然完美，也是应该被安排得很完美的孩子。

这个有趣的例证，说明即使最难控制的材料也得经过修正，直至与一个社会的主要心理、重要观点符合为止。美国人认为儿童是未来的希望，在生活中如有合适的起点，一定可以强爷胜祖，凡是任何不承认这种说法的理论，都不能得到广泛的接受。这是美国人的基本信仰……

即使在希特勒吞并奥地利、逼使弗洛伊德及其信徒流亡国外以前，美国国内心理分析理论与实践的流布，以及获得普遍的信奉，已经超过了其他国家。它在最近10年内，无论以直接或以各种淡化的方式，都有极大的发展。在许多新奇的情境中，美国人曾利用由心理分析而得到了真知灼见，但并未有重要的一贯的新创理论。不过，在一个人变成地道的美国人的过程中，却把弗洛伊德原有理论的一个重要方面剥脱了，当作几乎完全没有这回事似的；他们有时以自圆其说，有时以存而不论的方式，舍弃了所有关于儿童内心弱点——其侵略的和暴虐狂的“本能”——的基本原理。在美国心理分析思想中，孩子生下来是没有过失的，好像一张白纸，此后如有任何弱点，都是出于不可控制的环境，或出于父母无知或恶意的结果，父母毁坏了一个即使不是天然完美，也是应该被安排得很完美的孩子。

这个有趣的例证，说明即使最难控制的材料，也得经过修正，直至与一个社会的主要心理、重要观点符合为止。美国人认为儿童是未来的希望，在生活中如有合适的起点，一定可以强爷胜祖，凡任何不承认这种说法的理论，都不能得到广泛的接受。这是美国的基本信仰；这个信仰的最初动力，也许是由有决定性的移民第二代而起的，他们的子女，必须变成绝非其父母所能成为的地道的美国人。最受人喜爱的美国神话和模范——由木舍至白宫，由报童至百万富翁，由犹太人聚集区至最高法院，由奴隶至机关长官，更为这个信仰维持张目。为发展每一个新生儿的这种内在的禀赋，只要有适当的教养就行了。

但什么是适当的教养呢？这就是困难所在了。在所有除美国以外的社会内，以及稍次而言在美国大西洋对岸的各国，除最近百年外任何时期内都可以毫不踌躇地回答这个问题：我们被教养成人的方式，也就是适宜地教养子女的方式。至于孩子应该是 3 个月还是 3 岁断奶，包成蜡烛包还是准许完全解放；应尽可能早地加以训练养成清洁的习惯，还是能走路说话以后再予以训练；应该允许孩子在地上爬行，还是不许在地上乱爬；是应该让人逗弄，还是应该坚决不让与任何人有任何的接触，不准做任何喜爱的表示——这些选择根本不在设想之列。既然有了一种准确教养儿童的方式，事情就告了结。一个妇女在生下第一个孩子时，她有整个社会累积而得的智慧做她的臂助；祖母、接生婆和邻里都有一样的论调；自从她开始知道观察以来，她见到每一个孩子都是在受同样的教养方式；所以她的路径是明明白白的。自然个别的变异情形，事所不免，有的相比于规定的方式要溺爱些，有的要严峻些。不过，这些变异，只是一个大模式下面小范围狭隘的流变，至于模式本身，是绝没有人怀疑的。

但在美国情形就大不同了。在这一方面，移民第二代也具有决定的性质；岳母的意见是受人怀疑的，因为这些意见不是沾有旧世界落伍、迷信和不卫生的成分吗？即使女儿有意采取她母亲的意见，她和她的丈夫及丈夫的母亲也难免将有不断的冲突，她的婆婆也许出生于欧洲完全不同的一国，接受完全不同的规则。因此，他们追求美国的方式，就是把呱呱而泣、皮肤同红罗卜色的婴孩，造就成美国未来的总统或女子大学未来的院长，于是她们就向专家讨教。

根据最好的商业传统，既有需要，就有供应，于是各色资格不等的关于教育孩子的专家大量涌现。有营养学家提供如何使孩子尽可能壮大健硕的意见；有心理学家提供如何使孩子尽可能快乐的意见；有训练家提供如何尽早训练孩子的意见；有浪漫思想家提供如何使孩子尽可能无拘无束的意见；此外还有医生和巫师，真正的普通江湖郎中和真正的普通骗子。政府本身对于这种需要也并不落后，它经劳工部的儿童局散发了上百万的小册子，告诉年轻的母亲如何教养她们的子女。这种小册子每隔几年就完全重新修订一次；如把历次不同的版本比视而观，等于是集最受人信奉的关于各种奇奇怪怪教养儿童的理论之大成。

任何一个儿童，过去和现在受如何的教养，有赖于下面十分偶然的各种情形的结合——母亲怀孕期间找哪位医生诊察，隔壁关于养育孩子的方法有什么成功的方法，她在学校或大学接受了什么教育，关于“科学”婴儿食品广告所遗留的影响，她最近读过的书籍或小册子。一个母亲教养儿童的全部方法，并不一定是一成不变的，换了医生或换了地点，听到一次新奇的演讲或一篇新的杂志文章，或者对头生孩子不满，也许就可使她对下次出生的孩子，尝试某些不同的、更现代化的、更科学化的东西。

在教养儿童有固定模式并前后一致的社会内，详细的科学研究常常显示出，一个人在幼童时期内所受的无常变化，和成人品性中最显著共有的特色，以及和社会主要制度的形式与重点之间，存有明确而重要的一致关系。但在美国只有凭机会两个人才能受同一方式的教养长大，在这个理论下又有什么结果呢？

美国儿童的教养，在实际方面，虽有在极大的程度上不虞言之过甚的差别，但也有其重要的规律性一面，而这种规律性，也同其他社会内成为模型化的实际方式一样，决定了成人品性的形成。

这种规律性中最重要的一种，即为母亲对于教养孩子一事抱有同一的态度。不管她采取哪一种教养方法，总之她不能像相对定型的社会中的妇女那样，因为不以采用她们毫无疑义知道的正确的方法，所以具有很写意的、差不多出于不知不觉的自信心理。美国的母亲常常不免多少有点惴惴不安的心理，深恐犯了错误或忘记了一部分的规定手续，深恐孩子不会有适当的反应，往往她最后还是选择了错误的方法。这种焦急的心理在表面上通常是不显露出来的，转而变成了一套技术上无法摆脱的心理症候。关于教养某一儿童的规则，一旦被接受，便有一种几乎带有魔力的力量，如果稍有错失或改变，那就不只是一个错误，甚至成为一种罪恶了。

对于照顾婴儿，无论采取哪一种方法，在婴儿生命的最初几个月中，如何喂养他们一定是照护中最重要和紧要的方面。吃母乳还是喂奶粉，是否给吃橘子汁、鱼肝油、菠菜汁、捣碎的蔬菜，或蒸馏水，总之一天内要喂几次。据我们所知，喂养总是一个孩子所能体验到的最强烈的快乐；就美国的婴儿而言，母亲对于如何喂养孩子抱有唯恐违背“手续”和“公式”的无法摆脱的忧虑心理，加上一遇孩子没有照方法中所规定年龄分量吸纳正常的营养，便着急得惶恐不安，这样一来更增加了喂养的重要性。在所有人类中，口以及口的功能，总是最初几个月生命内身体上最重要的器官及机能；随着生命的成熟，它也同身体其他部分一样受了控制，以后在大多数社会内的大多数人，口部就失去其为享受快乐与力量器官的重要地位了。不过，就大部分美国人而言，口部为享受快乐与力量的器官，仍保持极大的重要性，在极端的情形中，它甚至越俎代庖，潜取了适宜于其他器官的功能。这种关于口部的重要性，一大部分即起于母亲因存有强制的焦虑而极端重视婴儿口部作用的心理。

除了喂饲饱食所起的快感以外，尚有因缺乏食物而引起的饥饿的痛苦；而痛苦的经验，甚至比满足的快感还要能够夸张口部功能的重要性。大多数美国儿童都有过强烈饥饿的经验。早先若干关于哺养儿童的“科学”方法实际上会引起营养的不足，造成很多像小儿软骨症一类的病症；不过这种荒谬的错误估计大部分已经成为过去了。但除了少数不合正宗的育儿方法外，所有养育儿童的方法都有一个喂养孩子的时间表，作为方法中最重要的一部分，时间表上严格规定在什么时候应该给予什么食物；孩子的饥饿是要靠钟上的时间来规定的。

在一个几乎完全缺乏女用人或看护的大都会中，这种情形也许是势所不免的；因为除非把孩子训练成合于一个固定的例行规矩，否则母亲就难于分身，处理她的其余职务。不过这毕竟是一种新奇的不自然的部署，因为钟表不过是相当近代的发明，采用钟表的地区仅占地球的一小块地方。在历史大部分时期内，在今日多数人类中，何时喂养孩子，都是视孩子饥饿的自动节奏而定的；或者在孩子一有饥饿感表示要吃，或者等待哭声震达邻里时再给他吃。但是喂养的时间表，对于孩子自动的节奏，仅作粗疏的和大约统计后的注意；孩子的肚里并没装置钟表，来决定在表上规定喂养的时间，而且只有在这个时间，孩子才可以饥饿。

大部分婴儿，对于为他们所规定的任何日程表，都能在相当快的时间内，自然适应，但在成功完成这一步以前，通常会有一个未能适应的时期，饥怒交并，大哭大叫，而不获哺养。大部分的母亲因为对于以时间表为重要部分的训练方法，抱有诚惶诚恐不敢违背的态度，觉得如果提前半小时多吃了半调羹，或者额外吃了一匙滤过的萝卜汁，就是大逆不道，所以尽管孩子啼哭得头昏脑涨或心痛，仍认为最好还是让他等到规定的时间再吃；如果安抚孩子的啼哭，临时通融，将成为放纵之举。大多数美国的孩子就由此而获得饥饿与恐惧饥饿的经验。等到他们长大以后，这种经验仍旧继续保存，不过，也同其他存在于成人心中的儿童时代的恐惧一样，被掩饰了起来，或采取种种不合理的方式来应付。这种征象，在美国人平常所表示出的深恐让粮食、资源或金钱流出国外，便会使国人陷入贫穷或饥饿；在由预算不平衡所激发的十分过度的着急心理中和深恐可能发生任何消耗浪费等的情形中，都可以看得出来。

近代美国极端重视妇女的胸部，认为妇女胸部在性感方面具有极大的崇拜价值，也与此点有关；对胸部的重视几乎超过了过去对大腿的重视。线条分明的身材和丰满肉感的胸部被认为比任何的裸露还要动人心目。许多电影明星曾因紧身的线衫而获盛誉；有一部叫《亡命之徒》的影片就曾因强调女主角的胸部而获得全国性的盛誉，并和各种检查团体进行继续斗争。但在战争时期，因紧身线衫容易使人分心、减低效率，所以特予禁止。隔开两乳的胸部低隔部分，几乎是人们最大的性好奇对象；有许多英国影片，因为女主角穿着宗教改革时代的服装之故，被认为除非请女主角加披一件披肩，否则就有不雅之嫌，而不便向美国公众放演。大部分美国人极端喜爱把牛乳作为饮料，或许也带有这种象征的重要性。

除了改变婴儿的日程表为大逆不道外，关于儿童的口部还有一件行为是母亲所绝不能准许的。至少在近代以前，让孩子吮吸手指是大逆不道的。如果让孩子吮吸人造的吸奶头，那更是罪不可赦了。我有一位熟识的思想“先进”的美国母亲，她发现让孩子吮吸手指并无什么害处，所以带孩子上街时，一任孩子顺其自然吮吸手指。但在路上往往会遇到用意甚善的陌生人向她谆谆劝告，她们希望能纠正她的错误方法，并使婴儿不至发生不幸的想当然的结果。在这些用意甚好的女人看来，我的朋友处理孩子的方法不单是一种错误，如果让孩子过分吮吸手指，简直是一种罪恶，是在故意伤害孩子未来的健康和幸福。

随着孩子逐渐长大，食物的重要性也相应扩大。在美国白人中一般是反对对小孩子实施体罚的，因之改以食物为奖惩。如果孩子行为良好，就多给被家长认定为美国孩子所欢喜的食品；如行为不良，则不给或少给，以示惩罚。就今日美国的孩子而言可为称幸者，依照美国科学家所说，若干作为对孩子奖赏的食物对孩子颇有裨益，所以美国的家长尽可放心自在地让孩子大吃甜食或冰淇淋，心中完全没有他们自己父母所感受过的内疚不安的心理。在20年前，好吃的东西未必有你的份（相反亦然），如果你过分放纵你的孩子，就相当于你不仅败坏了他的道德还损害了他的健康。而今日在这方面，你可以随心所欲的吃个痛快；这样一来，就发生了意味深长的含义：较老一代在湎于快乐满足时所表现的不安罪歉之感，在年轻一代中几乎荡然无存了。

因此，有些食物便具有了表示爱抚和赞许的标记，并由此获得了一种额外的象征的重要性。我们从父母对子女以及爱人的称呼“甜甜”“甜心”等等中，可以侧面看出甜点的重要性。此外，也有许多可以在同样情形下使用的固定成语，如：“你甜到让我可以把你吃下去”。这种将爱人与爱好的食物相提并论的做法，自然还有另外一个方面的原因，吞食就是容纳，就是成为自己的一部分，但也有加以毁灭的意思；口连同牙齿，是一种取得快感也是取得力量的工具。

甜点虽然有着最大的重要性，但这并不是说等到孩子稍大、可以杂食时，其他的饮食就无关紧要了。那时，做母亲的唯恐违背常规的不安心理将会转向于如何保证她的孩子可以有一种调配适当的食单，至于何谓调配适当，则完全依照她相信哪一种膳食时尚或理论而定；孩子须接受足够分量的适当食物，变得具有极大的情绪上的重要性。有些食物被视为好像具有魔力似的，吃了之后孩子就可自动变得高大健壮，在这类食物中牛奶是占第一位的，次之为菠菜（尤其是最近一年，水手鲍贝伊可以为证）、橘子汁、某种谷物、莴苣、红萝卜。如果孩子吃了适当的分量，就可长成世界上最强壮的人。结果就使这种食物也具有了极大的情绪方面的重要性；孩子可以通过乖乖摄取进食建议中的食物以表现出他对母亲的爱，也可以通过拒绝、或设法拒绝进食母亲亟需他吃的食物以表示他的独立不屈。“喂养的困难”是家长咨问儿童心理学家的主要问题之一：拒绝进食，即拒绝母亲的爱，即拒绝长大，实际上往往是强烈的内心冲突正在形成的一种迹象。

母亲常常深恐孩子没有吃够那种具有健康魔力的食物。这种戒恐心理的病态发展，可以由在美国比较常见、而在别处差不多绝无仅有的特别肥胖的孩子身上看出来。在每一张美国小学生的团体照上，总有些极端肥胖的孩子（以男孩子为多），他们壮得像奶油桶子似的，全身都是脂肪。因为胖得异乎寻常，很长时间内，这些孩子曾被认为患有某种腺质失去平衡的疾病，但如果详细调查这些孩子的家庭，就会知道，出现这种情况的理由很简单：他们的肥胖只是被塞了过量的营养食物。他们母亲的焦急心理与现实已经脱离关系；她们为证明自己爱护子女，和证明子女爱戴她们，就孜孜不倦地劝子女多吃，直至把他们吃得涨成气球为止。这些母亲已然失去了实事求是的态度，另外还有一个证明：若是初次同这些过度肥胖的孩子们的母亲们谈话，她们还会异口同声的说她们的孩子实际上没有吃什么东西的。

相信某种食物具有使人健康的魔力，这种信仰，曾被制造早餐品种及其他商业食品的商人大力利用。他们在推广活动中不惜花费巨款，尤其利用多媒体，直接以儿童为对象，设法说服儿童，只要儿童转而说服家长进行购买便大功告成。他们宣称广告中的食品，一经食用，就可使孩子获得超人的体力、权能和机智。有一种这类的早餐食品，即以完全美国化的超人儿童为号召和商标。

这种相信某种食物具有魔力品质的信仰，差不多毫无疑问被一直推及至成人的生活中。煎肉排不单是一种为男性所喜爱的典型菜式，而且根据触类旁通的联想魔术（例如食虎肉能使人胆壮等——译者）中最显然的规则，还包含非其他食品所能供应的品质，即能供应赤血。如果没有煎肉排，例如在战时和在1946年秋季屠宰业反对政府实行罢工时，不单会使许多美国人感到饮食无味，而且使赤血的人体气削弱，精力降低。各种其他的食品根据同样简单的原则各具特种的品质，例如牡蛎是壮阳的，吃了萵苣叶或极薄片的土司或饼干能使人瘦长等等。虽然美国人在地球上已经享受着超过任何其他民族的、最丰富最变化多端的饮食，哪怕是坐定的工人，他所吃的东西就可能已嫌过度，但好几百万人往往还要再额外食用大量的维他命丸以资补充。维他命的发现似乎更使相信某种食物具有魔力品质的信仰得到了科学的证实。在南部贫民区中，像蜀黍症一类营养不足的病症，本有成为风土症的现象，患者在服用维他命后有了令人惊异的好转。但除这个区域以外，其他各地饮食的营养已经够之又够，可是维他命丸的制造却仍旧迅即成为一种重要的工业，每年的销售额达到几亿美元之巨。在各个城镇的各个街角药店内，总有一个柜台专门出售这种具有魔力的药片。在推广销售的广告中，承诺你只要每天花几分钱购买他们特种专卖的牌号药片，就可以精力饱满，性机能旺盛，办事不倦，甚至差不多具有超人的禀赋。

在照料和训练儿童的其他方面，母亲们的态度虽然始终如一，却不像对喂养一事那样明显一致。近年来大部分的专家已不像他们的先辈那样注重早年的清洁简练；但因为成人非常看重卫生，所以母亲虽然慎重地避免惩戒她的污秽龌龊的孩子但几乎无法掩饰她不由自主而产生的紧张和嫌恶之感，结果对孩子的效果差不多和惩罚一样。儿童抚摸生殖器在以前是绝对被视为可怕且予以禁止的，而现在在若干人士中，已采取放任的态度，并且持这种态度的人的数量也日益增加。不过在这方面，母亲本身的内心观感，也不免和她小心翼翼的行动发生抵触。小孩受人亲吻与拥抱的次数，各人大不相同，但就数量言，通常现在都比从前减少。还有些关于儿童的行为，在其他地虽作相当的放任，但美国的孩子却绝少享受，美国的婴儿难得被放在摇篮里或加以摇荡，他们被抱的次数也很少，在长牙齿时也难获得帮助。

因为在孩子身上寄予巨大希望，因为对孩子的抚养势必带试验的性质，所以母亲从一开始便着急知道她的孩子的发展是否符合既定的标准。她只有一个可供参证的引导：即和以同样或平行方法抚养的、同年龄和社会地位的儿童，互相比较。由于儿科学发展的日新月异，所以年长的孩子已不能成为指导；这种较年长的孩子，还是在旧式不合科学的、存在缺陷的方法状态下被抚养长大的；而在十年前已经够好的成绩，到了现在也许还大嫌不足。所以孩子从呱呱坠地起（一个新生孩子的“准确”重量，是常常变化的，但始终立有一个所谓“准确”的标准的），就被置于和其同年龄幼伴激烈竞争的地位之上。母亲对她的孩子是否得意和她处于母亲位置的自尊心，全赖于她的孩子不至于比同年龄孩子的平均数落后。他的重量、身高，他获得何种身体方面的技能，他的长牙齿的时期，他的开始学说话的时期，都是测量儿童成功标准尺度上的要点。诚如梅特女士曾经详尽指出过的，母亲的爱，全看孩子在和同龄的竞争中成功的程度而定；只有孩子成功，母亲才能给予其无条件的爱抚，因为这才证明她履行母职的成功，证明她已经根据未来的希望完成了她的职责，可以毫无惭愧地面对世界。这当然不是说如果孩子在初出茅庐的竞争中发生相形见绌的情形，就会不受爱抚或被漠视；相反，做母亲的将更为急切地想法设法使她的孩子获有适当的饮食，去帮助他们迎头赶上。不过，在对失败者的抚爱中，母亲常带有一种自觉歉疚的情感，这种儿童，常常成为对其母亲缺点的一种经常性非难。

一旦孩子在身体方面具有足够的独立性，可以单独跑出门口之时——三岁或者往往还不到三岁——他将离开自己的家庭，大部分的时间和紧邻的竞争者与对垒者聚在一起。自从他可以安然离开摇篮的时候起，他和这些邻里的儿童可能早已相识和游嬉过（假定他们的家长一向是比邻而居），不过这种较幼的交际，是在母亲们注意和紧张的目光下进行的。到了孩子三岁的时候，母亲大概又有新生的弟弟或妹妹要照顾了，即使她以后没有再生孩子，有充分的余闲，也将觉得不好意思经常把目光倾注在孩子的身上，把他永远牵牢在她的裙带旁边。因为如果这样，她就有使其孩子变成为娘娘腔的危险，而这也是美国家长所能犯的最大的罪行。

娘娘腔的概念是了解美国人特性的一个基本概念，在任何其他的社会都无相类的现象。现在娘娘腔一词已成为骂人的名词，可以不问性别年龄适用于任何人；它虽然和若干英国骂人的名词相类，但所含的意思却非以上任何一词能代替的。概括地说，它指一个人表现出超乎当前事势所需要的依赖性或恐惧，或缺乏主动或纯然被动。它可以指一个不敢把自己的钱做孤注一掷的赌徒，可以指一个看到孩子在外科医生手上遭苦而感到过分着急的母亲，可以指心怯不敢向一个风头女郎约定“佳期”的男孩子，可以指临阵怯场，可以指往牙医处求诊而感到明显的恐惧，可以指为了木偶玩具打破而啼哭的小女孩，正如也可以指直接激发勇气或主动或独立精神、和可以有过犹不及反应的各种场合。所有美国家长的最大的恐惧，就是深恐他们的孩子会变成娘娘腔；所有的美国人，自从他们能懂得文字起，最大的恐惧即为怕被当做娘娘腔；美国人一大部分的言论和行动，也是往往为非美国人所误解的，其主要的用意即在于躲避这一个惹人憎恶的断语。特别富于自信心的美国人，在确知他们自己绝不是娘娘腔时，也许会说：“我猜我正是一个娘娘腔的人……”娘娘腔一词应用于成人男子时（但只以成年男子为限），也指有性低能的意思。

为防止这种可怕的发展起见，美国的儿童经常被激励趋向独立活动和主动，如果他行为中表现出任何真正的或据传的这种特色，即大获赞美，反之如有违犯这种特色的行为，即将受到斥责或惩罚。而孩子在邻里游戏场地上的独立活动，也就是一种最初和最重要的试验手段。

这种脱离家长的监护、初次投身于社交的生活（对较年幼的幼儿群，通常总有一两位母亲从旁监护），曾有许多重要的后果：首先，它使儿童接触到另一种权力的根源，而且可以借以反对和对抗父母。极少的父母能抵抗下列的请求："我看不出为什么不应该这样，所有其他的小朋友都被允许这样做的"，或者甚至"约翰（或玛丽）的母亲允许他（她）这样做，而他（她）还比我小三个月呀"。一个人保护自己的孩子超过了其邻人保护他们孩子的程度，如果他要求更大程度的柔顺听话，如果他更加过于挑剔、更加急切关注，他就有把他的孩子变成娘娘腔的危险，或者至少将使他的孩子有被邻里的儿童玩伴视为娘娘腔而加以嘲笑的危险。于是在步调上总是不断给孩子以更大的自由、更大的放任和更大的独立。绝对的标准是没有的，某一年龄儿童被准许或鼓励做些什么，须视其所处时期、地域和父母的社会地位和收入状况而定；只是倾向更大的放任、更大的自由这一趋势是不变的：大多数美国家长的训令和禁戒，总是经常因诉诸邻里的权威和榜样而被抵消。美国人世代相传，即以此方式在幼年时代获得了各种基本的态度。这种态度，以后加强成了关于权力分散、关于权力制衡、关于认邻里当作指导及模范的最高重要性的信仰。

除了难得的例外以外（如年幼的弟妹有年长的哥哥或姐姐带着一起时），结成一个游戏群中的孩子，年龄大致相同，在最大的和最小的岁数中间的出入，相差最多不过十八个月至二岁。这种由差不多相等年龄的孩子所组成的团体，在许多方面是美国人毕生所有的最基本的结合，他们必须根据这样的结合来衡量和证明自己。

家长对于孩子的社会生活，大体上虽不再直接的参加，孩子却很快地发现，他们的家长对于他如何善尽本分仍抱极敏锐的注意和关切。类似的竞争情形在以后继续进行，竞争的结果同样证明父母对于孩子的生育抚养，是达到、超过或不及平均的标准。所不同只是早年批判结果的标准是用尺度或图表来表示，而现在则由孩子重返家园后所述他在海外的活动情形而定。所以孩子从极早的幼年起，便知道自己发言时，成人的听众是在注意倾听和欣赏的，他也发现他所谈的内容，将得到赞美或责备、爱抚或失宠。嘴的另一功能——说话，又变得具有强大的心理重要性。在孩子开始讲述他的成绩或成功时，他既小且弱，相形之下他的父母是极强大的。孩子为吸引家长的兴趣，索求他们的羡慕和赞许，他不得不在说话时添油加醋，过分渲染和自我夸大。做父母的习惯于这一套（他们自己的行径也是如此），所以听其自然不加阻止，只是心里自有计算，把真正成就的核心与幼稚的自夸自奖和自我表现的外壳加以鉴别。等到孩子年龄逐渐增长，说话的人与听话的人中间的身体与权力大小的差别固然消失了，但美国人仍继续使用同样的方式，像小孩子一样地讲述他们自己和他们的成就。在美国听众听来，自然是极易莫逆于心的，但在非美国人听来却不能理解，认为这是过度自夸与自我标榜了。其实，要是同样的字句和同样的腔调，出自于教养背景完全不相同的美国人，那倒真有过度自夸与自我标榜之嫌了。

在有决定性的移民第二代内，还有另外一个复杂的因素，即在多数的例证中，父母和子女仅有一个很有限的共同词汇。儿童的词汇量，自然受其年龄的限制，而父母是在成年以后才开始学习一种外国文字的，他们既无训练，在使用这种文字之时，自然不免捉襟见肘，结果英语造句及词汇的许多精微之处都丧失了；而最极端和强烈的短语，被用以概指各种程度不同的含义。

这种过于夸张、过于戏剧化、过于强调的说话方法，具有传染的性质；孩子对于自己的夸赞和故事，既然半信半疑，对他父母所说的话，结果也一样只存一半的相信。美国的父母为要对他们的孩子具有适当的影响，也就不得不继续夸大其词，对他们所提出的威胁和许诺，内容和力量都须加倍强调；孩子只希望这种许诺有一部分（实际上威胁是难得实行的）能够实行。但如果不提出这类的许诺，孩子就要感到深切的耻辱和失望，因为他就要疑心不被父母所爱、失其价值了。

这种情形，在孩子留居父母家内的整个时期中，继续以某种形式存在着，这也帮助说明，为什么在美国公众及政治生活中非常重视“字句”。现代美国实际建立于“字句”之上，也许超过任何其他国家。美国宪法以及独立宣言的字句是美国建国的根基，而有“上帝的字句”（指《圣经》——译者）为后盾。因为宪法具有半神圣的性质，其中字句不容变动，所以遇到绝非起草宪法者设想所及的新情况，就必须按原有字句加以解释；宪法的第五次修正案中的“适当程序”及“个人”等词，就曾经司法方面加以解释，这种解释大大地影响了美国的发展，并因此而影响世界的历史（按第五次修正案原文一部分为：“任何人非经陪审法庭提出控诉，不得强令答复关于重大或其他不名誉罪行的询问……任何人非经法律的适当程序，不得迫使他在任何刑事案件中作不利自己的说辞，或被剥夺生命自由或财产……原注）。最高法院的法官逻辑上当然应该是由律师充任的，但美国政府中许多其他重要的位置，也都由律师出身的人充当，而律师在诸色人等中，毕竟是最具有作巧妙解释和舞文弄墨的特殊本领的。美国总统中出身律师者比出身其他任何行业者都多，其中有杰斐逊、林肯和罗斯福；在美国过去 32 位总统中，有 20 人曾从事律师的业务，两位是法官，还有两位曾经研究过法律，不过不曾挂牌。在近年来，国会两院内两党的议员出身律师者占半数以上；有几届国会中，这个比例曾高达三分之二。近代虽然有其他传播工具的发展，但大家对于辩论一道（无论为公众演说或宣讲）仍旧极端重视，有许多观察者相信罗斯福总统的威望主要是靠他巧妙利用无线电播讲而形成和维持的。

在美国公众的生活中，因专长舞文弄墨而受人尊敬和享有重要影响的，尚不仅以律师为限。人事专家与律师相比，是种新兴的事业，因而也没有像律师那样受人尊重，不过他对美国人生活具有日益增长的影响。所有公众听到的关于较大公司的情形，听到的关于他们政府的大部分情形，以及几乎所有听到关于公众人物（政治家、大富翁、电影明星等等）的一切，都是先经过这些人事专家之手才来的；他们预先把现有的事实做了一番挑选整理的功夫，其发表出来的文字大概最能取悦公众或得到公众的欢心。这种人事专家在专为个人服务时，往往被称为报界联络人。

广告员又是另一因擅长行文而获得丰厚报酬的行业，他们的声望虽不怎么高，但影响极为庞大；新闻记者又是一种，他们具有极高的声望，但就作为一个团体而言，他们的影响似乎不及广告人员。美国新闻记者自己占取、并且被公众承认占有重要的地位，其他国家的新闻记者往往只能只能望其项背；大家也许认为独裁制度一个最大的威胁，就在于这种制度剥夺了喜欢什么便说什么、或写什么的权利。美国人对于各国的评价，大体上看这些国家给美国记者的便利而定；一般人认为记者的证明，比国务院官员的话还要诚实可靠。

但是话的字句虽然如此重要，但人们绝不照字面的价值全盘接受；孩子从来没有全部相信自己的故事，或相信父母的威胁和诺言。所有的宣言、说明，人们对之都抱相当的怀疑；若干的言过其实，若干的串插，总是有的；口语或写出来的文字，从不被认为是代表完全的真理的。

这种怀疑心理是深刻的和普遍存在的，并经人做最有效的运用。新闻事业及广播事业中曾经建立了一个特殊部门，专以揭发“内幕新闻”为标榜。两位最声名狼藉的内幕新闻家——温彻尔和皮尔逊，与美国其他任何正规作家或播音员相比，却有着最为庞大的读者群或听者群，其数量要比任何利用新闻公开来源的作家或播音员所有的读者、听者群大得多。他们的写作技术非常高明，仿佛每当发生重要的决定（政治的和军事的）之时，他们总是躲在桌子底下或床底下亲眼目睹似的，于是他们就继而把当局所讳莫如深的事情，一一向公众揭露。在他们介绍他们的谣言、猜度或事实时，最基本的一个用语即为“揭露”。他们以闲谈者的地位，帮助把那些本可引人敬畏之感的人物，降低到最平常的凡人地位；他们以政治评论者的地位，装成代表公众与政府中不著姓名、与作威作福的“他们”作战的战士，无畏地取得和重新揭露秘密的文件，阻止政府势所不免将参与其事的恶毒阴谋。他们的确获有若干非新闻记者平常采访所能得到的新闻；除了平常供给他们情报的人员以外，怀抱不满的官僚和公务员，也有把不利于政敌方面的新闻，或不是他们所造成的政治活动的详细情形，供给他们的，但即使如此，他们表演的平均水平，仍属有欠高明。从这两位记者的标准而言，都是心胸宽而用意好的人士；他们的行为，对于美国人似乎有相当重大的损害，他们所散布的谣言倒很少，因为大部分的谣言很快便被遗忘了，主要还是他们使怀疑的精神变得变本加厉了。

在夸赞以外，则有种种的诺言。这从美国成人及政治生活中对于有高尚用心和高尚理想的公众宣言寄予极大的、情绪上的重要性一事上来看，也可发现平行的现象。威尔逊总统的十四点，凯洛格“以战争为非法的政策手段”的宣言、大西洋宪章，都是国际上著名的例证。国内的例证则更为多见：7月4日独立纪念日的演说、各种俱乐部和兄弟会的宪章，每四年一次的各重要政党参加总统竞选所提出的“政纲”。经过亟切和热烈辩论的政纲，与胜利党执政以后所采取的立法，如果有任何相同的地方，那只是偶然的巧合；但这并不是说，所有的党纲及其他高贵的文件因违反诺言所以都是不重要的。它们表示出有支持这类高贵目标的愿望，因此也是令人愉快的，正好比父母所作的许诺一样，虽然不一定一字一句全盘兑现，但不失为父母之爱与有意酬赏的愉快表示。如果没有提出这一类表示高尚用心的宣言，美国人就会产生受了欺骗和幻灭之感，正好比孩子遇到父母没有提出他意料中应该有的许诺，他就会产生父母不爱他的感觉一样。

在前面讨论美国儿童教养时，我曾概括用“他”一字来泛指男女两性，因为一则英文中没有一个指“他或她”的字，再则男女幼童所受到的待遇差别无关乎性质，只关乎数量。在前一章中已经指出过，所有美国人都有一种主要带女性色彩的良心，这使幼年男童遭遇一个他的妹妹所经历不到的尴尬局面。幼小的男童因为内心存有母性，所以对于自己的男性特点，发生怀疑之感，而幼年女童则因而更证实了她的女性特点。男孩子为向他自己和向世界证明他是真正“男人”，他必须比他的姊妹加倍作尖声的叫嚣，加意地注意自己。美国男女儿童是用极相同的方式教养长大的，在各方面都面临相同的困难，和获得同样的性格形式，但在男孩子方面为摆脱其不安全之感——加以大家对于美国儿童要求甚多，需要把他们的能力发挥到极致——因此心理上唯恐相形见绌而力求夸饰的现象，就有了较为显著的发展。

理想的美国家庭，包括子女两人，大的是姐姐，小的是弟弟。这不是说如此大小的家庭或子女出生的次序，就统计上说在美国要比在同样都市化的其他国家更为普通；不过在图书或广告中表现普通美国家庭之时，以及在流行的小说和电影中所极常见的，都以此作为典型的结构。在故事中所以要有一个第三个孩子，一个更小的弟弟，往往是为了收到戏剧的效果。

无论何处的社会，家庭内诞生一个新的孩子，一定会使年长的孩子在心理上发生重大的烦恼，理由是新生的孩子一定会取代他的地位，继而成为家庭抚爱和照护的中心。关于这种情形，不同的社会有不同的解释。梅特女士曾经指出，美国儿童对新生孩子的这种典型反应，是一种仇恨的反应，因为新生的孩子常被允许有各种幼稚的行径，而较长的儿童，在他们受驱策、尽力以赴独立和成人的途中，却必须放弃这种行径。她即从儿童开始的情形中，追溯出“那种夹杂妒忌成分、痛恨‘受优容’‘闯祸不犯罪者’心理”的来源。

除了只有兄弟（或姊妹）一对者外，通常兄弟姊妹之间是没有深切强烈关系的。他们彼此相对并不负有特殊的义务，（除了“同意”不要过分吵架外）；除了南部农村区域以外，大家并不认为兄弟有保卫姊妹荣誉的义务，他对姊妹的命运、婚姻或儿女，也不负什么责任。绝大多数的情形是，兄弟姊妹一旦离开老家，便分散各奔前程；他们典型地从事不同的事业，居于不同的地域，如果他们进大学，也进不同的大学。

如果家庭内所生的两个孩子，属于同一性别，彼此年龄的差别最多不超过两岁，尤其是如果都是男孩子，那情形就大不同了。在这种例证中，哥哥往往把弟弟介绍到他的玩伴群中和以后的少年团体，这种提携具有若干正常的和典型的结果。弟弟所参加的团体，其中大多数成员的年龄都比他大,团体所凭关于敢作敢为以及行为成就的标准，也超乎他年龄水准所能企及的程度。弟弟受了这种标准的激励，他的言论和行动就会变得非常的轻率暴躁，深信靠了他哥哥的庇护、他哥哥优越的体力和智慧，一定可以使他脱免自身行为所致的危险。这种情形极为普遍，即在成人生活中也可看到若干类似的现象。在国会中的例证尤为显著，我们常可看到众议院往往作出极不负责的行动，原因即为它深信它的哥哥——参议院，一定会使它脱免其愚昧所造成的最恶劣的后果。

等到孩子渐次独立和具有本领以后，他的父亲的地位多少变得更为重要，尤其是利用父亲的权力，可以对抗母亲的权力。大部分做母亲的人，曾小心设法使她们的丈夫居于家庭内操有大权的地位，并告诉孩子在实施某个行为时须获得父亲的许可；可是实际上她们往往推翻丈夫的决定，理由是丈夫的决定太严厉或太宽纵，没有为孩子设身处地着想，或太娇养了孩子等等。美国大部分的家长都不愿接受负起限制儿女快乐与娱戏的责任；所以一般情况下，父亲或母亲遇到见询时，总是把作决定的责任推卸到对方的肩上。大多数的孩子很小时候，便懂得了这个诀窍，并学得如何巧妙地利用父母彼此之间的对立。在孩子零用钱由父亲负担的家庭之中，如果父亲拒不肯付，往往由母亲在家用账中贴补给孩子。在多数家庭中，父母好像暗中在勾心斗角，争取他们儿女的爱戴。

每一个美国孩子到了满 6 岁的那年 9 月，除了无关重要的极少数巨富的子弟以外，都要进入其邻里的学校。这种学校所在地，往往并不是他的出生地，而是在另外一个城内或区域内。本着良心行事的美国家长，在可能的限度以内，往往鉴于邻区的学校能给予其子女最良好的机会，全家就此移入邻区。学校的选择，是难得根据学术的标准或机会来判断的，因为在同一区内不会有多大差别的。判别学校的标准，是看它们的面积，看它们的建筑是否华丽和摩登，看它们附属建筑（工场、室内运动场等）的多少和情况，并且往往看它们是否有黑人儿童，或异国出生的儿童是否占大多数而定。美国人把消磨其大部分学校生活的城镇，称为“家乡”。

进入学校以后，通过校内的程式化教育，学生间的竞争取得不同程度的成功。孩子凭借这种成功的竞争，才能获取父母的爱抚、赞许，和取得世界上的地位。在美国学校中，学生的成绩分成五级，一般自甲至戊，有时也兼采分数制，这种等级印在成绩报告单上，每月由孩子带回家中。丙是孩子们的及格分数，所以家长从报告单上所注明的等级，就很容易判断出他们的子女在孩子群中所处的地位，是否足为他们和自己增光，并因而是否值得获得无条件的抚爱，或者他们是否没有尽到他们最重要的义务。

在对儿童排名时，学校运动一项居于次要的地位，而就一方面言，学校运动对绝大多数的儿童而言，始终没有极重要的作用。大多数美国儿童依照意料中都是喜欢非正规运动的，例如他们喜欢就在空地上举行棒球的竞赛，但如称“出去参加”学校的运动，那就不啻等于接受一种半职业化的地位，和承认其有超乎平常人的运动才能。运动员就一个职业而言，是受人尊敬与羡慕的并享有特权的；他们代表学校与其邻里和对手竞赛。无论如何，所有的男孩子都以极热诚的心情和兴高采烈的情绪，关注着他们运动队员的命运。在运动员本身之间关于成败的竞争是非常激烈的，不过孩子是否参加这种竞争，完全是由他个人来决定的，凡竞争而胜者可获额外的奖赏和爱护，竞争而失败者也不会受到咎责。

当遇到一个条件不够充分的运动员参加非其力量所能及的竞争之时，旁观的非运动员和同竞争的对手的态度将会大不不同。没有参加竞争而作壁上观的人，大概会把这个勇敢的“弱者”视为与自己一体，敬慕和赞扬他的勇气，如果他和大敌竞争幸而获得任何胜利，旁观者也一定会代为感到极大的欢喜。反之，参与竞争的人，对于一个“不度德量力”的对手是不大尊敬的，而且可以合法地使用他们全部的实力和技巧去压倒他们的对手。

前面已经说过，孩子发现通常可用教师的权力，来制约家长的权力。家长常对这种公认为占他们上风的对手进行细密的研讨，他们对于教师在私生活方面的行为标准和道德诚实要求远高于他们或他们的邻里。为了这种监督，于是才有了家长教师联合会的组织，最富于为公众服务精神的家长借此得与教师经常讨论学校与他们子女的问题。事实上学校虽然常由联邦或州财政拨款津贴，但普遍都被认为是由当地居民的主动捐助与纳税所创设和负担；它是他们的产物，如何使它与其他学校比较起来不至相形见绌是他们的义务。美国的公立学校的确是美国公民自尊心的主要来源之一。

美国的学校首先是一种可以使美国的儿童，不问他们的背景和来源，印有美国特色的社会手段，并且是一种非常成功的社会手段；其次才是灌输和传递知识的机关。在若干少数方面，美国儿童是没有被督促、须全力以赴的。其中之一便是学业的成绩；各不同年龄所规定的标准，要比西欧的任何国家都低。不过，大多数美国人在校就读的年数，要比大多数西欧人士多。教室内的工作很少有显著的特色；以背诵及作文作为公开发表意见的训练；公民教育是一门重要的科目，常见的有组织参观邻近的工厂、建筑工程、法院等等，常常变得很生动；生物学和科学很早便开始教授；近来日益利用无线电及电影作为教课的辅助；职业训练很早开始（也是由高级小学起），训练的项目甚多，在较大的城市学校内常具有极完善的技术设备。美国公立学校的教育，除了这种直接的职业训练外，很少要求儿童准备好应付成人生活（除了发展美国精神外），而更倾向于使儿童得享快乐的童年；大多数美国的教师在杜威的影响之下，相信“儿童和成人一样”，所以许多功课时间，都花在与社会交往关系很少的社会工作和讨论之上。

但培养独立个性、向成人生活推进的努力是持续不断的。除了少数殷富家庭的儿童外，美国的男孩子都被鼓励设法利用课余的时间，赚取、或至少贴补自己的零用钱。下面的各种职业，一般都被认为属于学童的特有领域（除了有严格劳工法律的各州外）：最常见的例证为送报（也有送食品杂货），收集杂志订户反馈信息和递送杂志；在夏季整理草地，冬季清除积雪，还有在高尔夫球场上拾球等等。从高等小学起，又可添加其他的行业：在药店的冰淇淋柜台上招呼客人，清洗汽车等等。这些早年的赚取零用钱的活动，不仅不受耻笑，而且得到普遍的赞许；它们并不表示父母家境清寒或生性吝啬，反而证明了孩子的独立和自主。女孩子一般不像男孩子那样早就开始赚钱，不过自高等小学起，她们也有各种受雇的机会，其中近年来最常见的，是在家长外出时帮助照护婴儿或幼童，由此她们可以一举三得，既可赚钱（这种行业有很丰厚的报酬），又表现了她们的独立，又获得安静和时间来做家务工作。

等到开学后，混杂的邻里游戏团体，就会完全或主要由同种性别的少年团体取代；这种团体一直延长至青春期，并有少数的情形，贯穿整个青春期。这些少年团体，参加几乎所有其团员兴趣所在且可以力所能及的活动，但所有少年团体差不多都有一个共同的特点：它们都参加非法的和法外的活动。活动中大部分是没有什么害处的：在乡下果树园中抢果实，侵入空屋，无票混入马戏场和棒球场，吸玉蜀黍丝卷成的纸烟，说脏话和作性方面的新试验，逃学和逃避官员的监督（市政府官员负责监督，保证儿童达学龄后即入学读书，如有违反情形，则向家长提出抗辩），侮弄警察等等。重要的是，这种活动不仅为成人所容许，而且为成人尤其是为父亲所盼望和赞美；能成功侮弄既有的权威，是独立和增加男子气概的表现。一个从来不曾设法做过逾越规矩事的孩子，具有变成娘娘腔的严重倾向。这是使美国人对于权势和法律应抱何种适当态度的另一教育。

受默许宽恕的非法行为，与被认为具有严重性质的非法行为，两者之间的界限是极为微妙的，所以儿童有时逾越界限，是很容易了解的。如果说采摘别人树枝上的苹果是值得赞美的，那么为什么不能拿取别人放在树下的苹果？……大部分的美国儿童，大部分的少年团体，在学龄期并未犯过重大的罪行。但出身于在法律上被认为过于宽弛的、外国移民高度集中的、或者来自黑人、白人、亚洲人杂居的，区内成人之间存有犹太人与非犹太人严重纠纷的区域的儿童可能而且往往会做出严重的罪行：亵渎教堂或犹太会堂，作出残酷的奸盗之行，和小规模地作出种种流氓行径，使本指少年团体的“gang”一字，在美国电影的观众或侦探小说的读者中成为声名狼藉的恶名词。黑人学校中教师遭受武力攻击是屡见不鲜的事；此外也有小学生开枪打死老师的事。

从事这种犯罪活动的儿童和青年，在全部儿童及青年中诚然仅占极少数，但在成人社会方面，却有一种没有正式提出过的恐惧心理，即深恐年轻人的这种公然反抗权势的行为会推之过远，超出表示独立男子气概的必要程度。因此，各界人士曾作认真的努力，引导儿童通过参加各种为社会所赞许的团体组织来释放多余的精力，如童子军、海巡队和女子篝火团等；这种组织，虽具典型的美国式体制，特别注重徽章的炫新斗异，但它们的权力与管制气味仍旧太重，仍不甚合于大多数美国青年的胃口。不过，社会发现引导年轻人的精力趋向于社会许可的途径，还有另一种更有效的方式，而且这种方式，与向成人生活推进的趋势以及与认为妇女具有较高尚道德品性的信仰是完全相符的。任何男女青年，如果不是"犟头倔脑"(指那些把他们的独立和粗鲁推之过远的人)或娘娘腔,都会尽可能在异性之前装成可爱的样子,会参加称为"交际"的两性恋爱行为。这类行为,一般以六年级结束时毕业舞会正式开始,也就是从孩子 12 岁的夏季开始。有些孩子开始得较为早些,尤其是在南部,有些则稍迟些,但对多数人而言,这种舞会是让儿童列身于成人前世界的正式场合。在这种舞会中,儿童通常第一次穿上正式的礼服,女孩子穿了短袖、裙帷膨胀的轻纱长装,男孩子穿上白裤子,和对襟的上装(这种潮流或者已经有了变化,亦未可知)。每一个男孩子都要邀请一个同班的女同学做他的舞伴。如果一位母亲发现她的女儿接到许多这类邀请,就将深感快乐。家长从在医院中比较出生孩子的重量起,就开始参加儿童之间的竞争,而这就是家长所参加的竞争中的最后一段历程。如果一位母亲在校就读的女儿应邀不暇,孚于人望,那就代表她的女儿已具备良好的条件,而她也已尽到了做母亲的职责;反之如果女儿一星期中有多晚独处,尤其是在星期六的晚上,也不得不独自一人,或和另外一个不幸的女孩子同病相怜,留守在家,那么这个孩子就是一个失败,做母亲的也许最好多费些心力在女儿的教育方面,以便女儿在外貌与个性方面所不能取得的机会,能因头脑方面的成就而有所补偿。

做母亲的人是不能这样直接参与她儿子的成功的,而父亲的心情往往相当的矛盾：感觉到新起一代的咄咄逼人，把他推在一旁；埋怨因为子女交际频繁，费用的开销不断加大；争论家里的汽车晚上归谁使用（儿子会说：“如果你没有车，女孩子连一眼都不会瞧你的。”）但他虽然也许不像母亲对女儿那样、直接参与儿子的社交胜利，但如果他的儿子晚上多数留在家里，或和其他同样没有作为的男孩子在一起，那他将感到甚至更大的耻辱，因为这证明作为一个美国的父亲，他已经全盘失败了，他已有了一个娘娘腔的儿子。

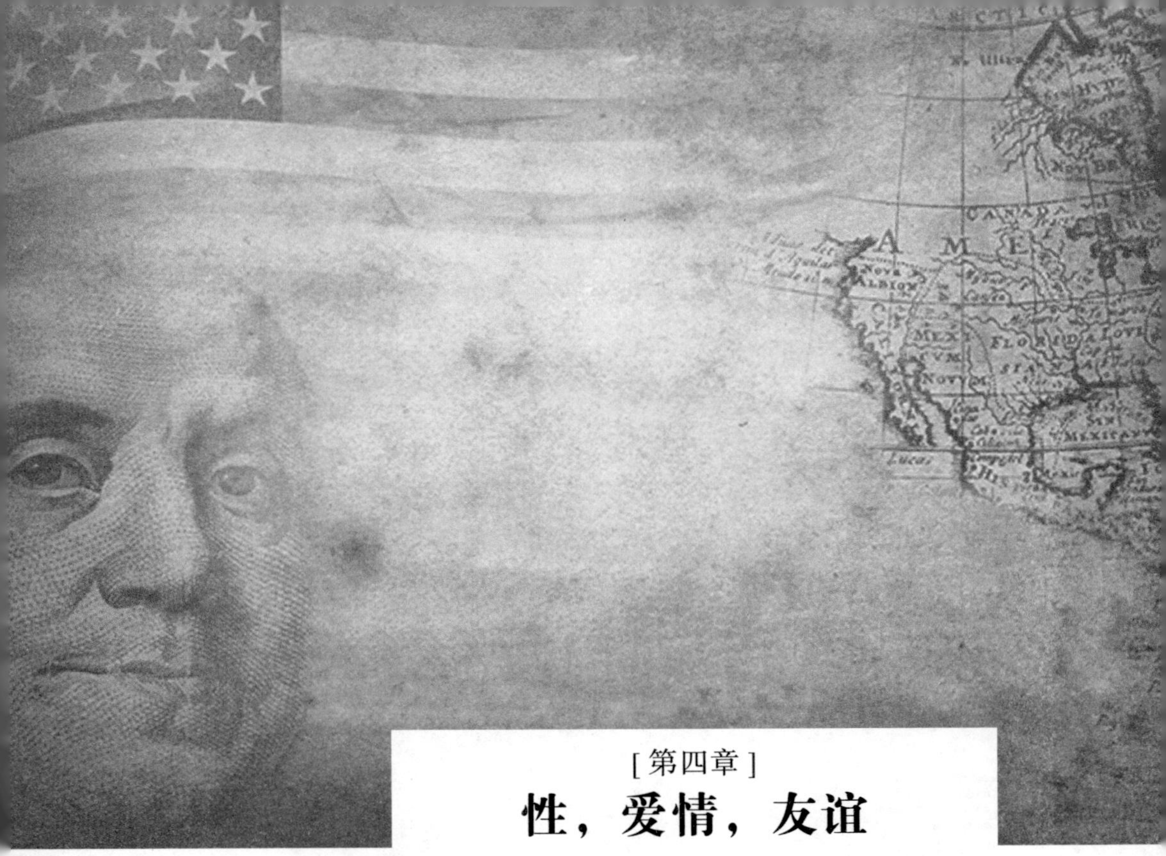

[第四章]

性，爱情，友谊

大多数美国人到青年时期，已经把两个观念混在一起：获得成功就是获得爱，获得爱就是获得成功。由教师所传授、源自于新英格兰的清教思想理论，本认为一个人如在世上成功，就是神、造物主爱他的具体可感的表现；如果失败，即表示他已不复为神所爱，他已经犯了罪，或者至少没有作充分努力的尝试。这种理论，更给予上面所述的观念混淆一种类乎神学的根据。

在第三章中，我曾经就家长方面的所见所感，把同年龄美国儿童团体之间的持续竞争情形，略加叙述，而很少提到儿童自己参加这种竞争的情形。儿童自然是参与者本身，竞争对他有重大的、情绪方面的影响。就家长而言，他可以根据孩子成功的程度，回答以下问题：“我是否是一位称职的美国父亲？我有没有培养出一个具备各项素质的孩子，能够独立、有益于世，并达到超乎我自己所能及的造诣？”但对孩子（以及对成人）而言，他自己成功与否，对他的含义尚不至此。“我是否成功？”等同于“我是否获得父母之爱？”。因为从一开始，母亲对孩子无条件的爱抚与赞许，是根据孩子所获成功的程度而按比例施舍的。大多数美国人到青年时期，已经把两个观念混在一起：获得成功就是获得爱，获得爱就是获得成功。由教师所传授、源自于新英格兰的清教思想理论，本认为一个人如在世上成功，就是神、造物主爱他的具体可感的表现；如果失败，即表示他已不复为神所爱，他已经犯了罪，或者至少没有作充分努力的尝试。这种理论，更给予上面所述的观念混淆一种类乎神学的根据。

母亲的爱是一切未来之爱的范本，为获得母亲的爱，是无须转回来向母亲表示爱的；一个人能否获得母亲的爱，全看他在和同年小友间的竞争中能不能卓有成就，至于他对母亲的态度和行为，并不占首要的地位。所以，在美国具有片面性的趋势：被爱的人无须以爱报答，但是必须奋发以求值得为人所爱。这不是说在美国缺乏相互的爱，或者相互的爱比在其他国家少见，而是说在此以外加上了这种不调和的成分；只有把所爱的人视为自己的一部分，像自己一样值得爱，而后才能使片面的不调和成为调和。

因为做孩子的常受驱策而竭智尽能，因为他成功的条件往往这样的浮泛，或完全出于他支配以外，所以他对于爱的迹象变得渴求不已，一意要证明他是值得爱的，因此也就需要证明他是成功的。爱的表示中，最起码的一种便是别人的注意（以父母的注意居先），或者至少是他们在场，如此，他们的目光即使没有立即投注到他的身上，至少有时会投注到他的身上。反之，如果无人在场，如果他一人独处，怎么能止息他内心痛苦的怀疑呢，难道他不成功、不可爱、不值得爱吗？

这种情感，使身心健全的美国人不能忍受寂寞的独处，并造成许多用意在于排除寂寞的社会特色：大部分的房子除了最隐秘的部分外一概门户洞开，办公室和书斋一推就开的房门，大学和寄宿学校内的通铺房间，无数的俱乐部和兄弟会性质及爱国性质的团体、职业团体和会议，为偶然谈话而制造的无数机会和便利，每一个房间、多数火车汽车都装有收音机，房子内不断收听的广播（即使是无线电广播的声音，也比缄默略胜一筹）。“如我一个人独处一个星期（或者更短的时期），我真要疯了。”这句不断被重复的话，在夸张过度的表面之下，其实是一句掩饰了真正心理的真理。无论是心理分析专家还是平常的美国人，都不约而同地认为一个故意离群独处的青年一定会有古怪和可疑的地方。他们如果以此来评断美国人，他们的断语可能是对的，这种离群独处的情形可能是人格分裂的一种征象；不过，如施之于具有不同教养背景和不同特色的非美国人士，这个标准便不能圆满有效地应用了。

因此，别人在场的注意和赞慕，就变成了构成美国人自尊心的一部分，美国人在感情上急切求取的这种在场注意和赞慕的心理，实比其他国家的常见情形更为迫切。这也使美国人和他们同侪之间的社会关系具有一种特别的性质（夫妻关系和家长与子女之间的关系有时不在此例）：它们主要是一种用以维持和加强一个人自尊心的手段。它们被认为可供彼此利用，但这种利用差不多总是相互的。在两个人开始发生一种相互的关系时，似乎有个不言而喻的约定，即“我可以保证你是一个成功人物，如果你能对我作同样的保证”。这种保证中最使人满意的方式，不是向对方直接的谄谀或赞美（谄谀赞美的本身有被视为是利用别人的手段的嫌疑），而是表示爱慕，或者至少表示集中专一的注意，由此表现出双方是引人注意和值得尊敬的。

也许只有根据这种心理背景，才能了解美国社会生活中那个最奇怪的特色：即是占每一个美国人自青年期至订婚止大部分闲暇时间的“男女交际”。有许多人，甚至即使在订婚以后，或者因为离异，或者因获得满足之感后对伴侣发生厌倦，或者个人过于迫切要求别人的保证慰藉超乎订婚者或配偶或爱人所能给予的程度，他们仍继续维持交际。交际一事在许多方面都是特异的，尤其是在交际中可以用求爱和恋爱的语言和姿态，而实际上却并不一定有求爱与恋爱的含义。求爱与“交际”的行为在表面上差别极微，微小到几乎看不出来；然而只有在极少的情形下，只有那些心理不平衡的人士，才会在双方都是美国人时把求爱与交际混为一谈。交际其实是一种、或一组高度程式化的活动，在若干方面与正式的舞蹈相像，在另一些方面则和极复杂的棋赛相似。其与舞蹈相类者，就是同舞蹈一样，其所应用的各种姿态，如用于其他情形下，就将失去其重要的作用（可见“徐步舞”中的鞠躬和女性的屈膝礼，华尔兹舞以及后来舞厅内时兴的跳舞中的紧抱）；但它更像下棋一类的复杂竞赛，像在竞赛中一样，所有的规则都是双方知道和履行的，但是棋赛一经开棋，双方的下子都是根据对方如何下而变化的。像在舞蹈和棋赛中一样，这类活动被认为是愉快的，本身是有酬报的；凡参加的双方或演员，技巧或其他必要的条件，越是势均力敌，愉快的成分也就越大。交际与下棋一类竞赛的相似性，还可作进一步的类比，两者中的参与者，都须一心一意，认真用事，在公认的规则之下，出奇制胜，尽其所能，成为胜利者；除了竞赛本身所具有的快乐外，还能因竞赛获胜而使个人的自尊心获得愉快的增强。不过，有一点是“交际”与下棋不能相比的，在成功的交际中是不应有所谓不幸的失败者的，交际的双方都应该感到他们的自尊心和自信心获得了加强。

就我所知，从来没有其他有记录可考的社会，对它的青年曾发展有同样制度化的行为模式。在许多社会中，尤其出名的如萨摩亚人（南太平洋群岛的土著——译者），准许青年在订婚与结婚前的一个时期内，实行性的放任和试验，但在这些年内，他们专求感官和性的满足，别无其他的收获。在美国的男女“交际”中，感官的、性的满足，也许占有一部分的作用（但并非是非有不可的），正好像牌局中的赌注一样，可是感官与性的满足，并非是活动的目的。活动的目的乃是在于加强自尊心，使人们相信自己是可爱的，因而也就是成功的。

此外还有一个复杂的因素，美国人在“交际”中采用恋爱的辞令和姿态时，双方都并不认真，而只把它们当做棋赛中的下子；可是另一方面，美国人对于恋爱却有一种极深刻和热情的信仰（而这种恋爱的观念，却是萨摩亚人以及许多我们曾经详细研究过的民族所没有的）。这种把在某一场合下可能有最大重要性的辞令和姿态，在另一种场合下轻浮使用的情形，是难有其他类似的例证的。我们从下棋中可以得到一个极勉强的相类的情形。下棋时所称“你的王后被俘了”或“你的国王危险了”（西洋棋中两方之主帅称“王后”与“国王”，类似象棋中之将帅——译者），如在热心拥戴君主制和发生宫廷阴谋的时期内，可能因使用这两句话的背景不同而产生完全不同的结果。

最后，还有一个复杂的地方，在交际之中采用或知道如何采用求爱的辞令和姿态，是需要家长和教师的默许和帮助的，但许多家长和教师，还是道貌岸然，对性和身体的享受抱清教徒似的态度。不过在较年轻的一代中，抱这种态度的人似乎已不多了。

因为美国人偏爱交际的怪癖（不过一般美国人是并不怀疑这一点的，他们也同世界上其他人士一样，相信凡是他们所习惯的行为，都出于“人性”），而且因为在交际中采取求爱的形式（但不是内容），所以一遇美国青年与外国异性发生接触的情况，就不免引起无数的严重误会。一次交际约会，在美国人看来，就是说两个人共渡一个愉快和互利的黄昏，用以加强彼此的自尊心，和表现出个人在周旋中的本领，但非美国人总常把它当做意存诱惑。如果予以立即拒绝，双方一定都会被弄得愤恨和不满；如果立即同意，美国人至少会有上了当的感觉，正好比一个打算出猎的人，还未出门而野狐就进门坐在后院，使他英雄无用武之地，不免大为扫兴。

在一场交际中，至少在表面上应由男孩子首先发动，由他向女孩子提出邀请，请她在晚会中陪伴他。男孩和女孩选取伴侣的基础是有点不同的。在女孩子方面，她的目标是向她提出的邀请越多越好，然后她可以从中挑选出一个她认为最能使她过得快乐的人，或一个最有趣的人物，做她的陪伴；而在男孩子方面，他的目标是设法使最受他同道及竞争者爱慕和追求的女孩子，作他的陪伴。一个女孩子在一次重要的社交场合中（例如毕业舞会），如果只能收到一个邀请，那么即便邀请者是条件最好的男孩子，譬如说是足球队队长，她心中是否高兴，仍不好说（这自然以他们不是进行求爱为条件）；反之在同一场合下，一个男孩子如提出邀请而为当地一位“著名小姐”所接受，他可说已经获得社交上的一大胜利。这样的结果使参加交际的形式，在两性之间稍有不同；所有的男孩子都可以、而且应该参加社交，他们希望达到的成功水准，要看他们自身所具备的条件而定；而在女孩子中，只有最成功最受欢迎的那位才有机会充分享受交际，其余的就只能有一位靠得住的男朋友便告满足，或者甚至连一个男朋友都没有，只好和同无对象的女孩子一起，同病相怜，厮守一起。

一个美国男孩子，除非极度清贫，或身心极不正常，或有其他理由使之完全置身于社交生活之外，他从青春期初起至订婚止，大部分闲暇时间都花在交际和赚取交际费用之上。关于促成交际一事，社会上的压力是很大的。例如在某一标准的中西部大学的兄弟会中，年长的会友规定年幼的会友每星期必须有三次的“交际约会”，这些约会须向尊敬兄弟会的女孩子提出，而且除了已订婚者外，约会对象以不固定某一个女孩子为限。这种公开的管制监督，诚属不大常见，但美国人中愿公然抗辩这样行为标准的似乎也不多。

女孩子的经验就没有这么千篇一律了，因为她们须等待男孩子的邀请，而男孩子却只向可以到手的最受欢迎的女孩子提出邀请。结果，有若干女孩子全部的时间，几乎全为“交际约会”所占，还有些女孩子难得有一次约会，而还有许多女孩子直至订婚为止，在竞争中一直都是名落孙山。这种现象在正式舞会中表现得最为明显。舞会中的女主人设法安排，每两位女性至少要配搭三个男性，这样在跳舞时，女性是不会落空的，而男性始终有三分之一，会被列入“无伴之群”。无伴之群的男子，可以在另一对男女起舞时，轻拍那个男伴肩膀，“插身以入”取而代之。照仪式，一个人是不能拒绝别人的插身以入的；也不可以在别人刚插身以入后，就又接着取而代之；他必须等第三个人再跳一曲以后，才能恢复与原伴跳舞和谈话。一个男性，除非别人插身而入，否则是不能丢弃他的舞伴的；而女性所可能受到的最大耻辱之一，即她的舞伴和她共舞满足以前，始终无人插身而入。这样可怜的女孩子，大概是不会被人邀请的；或者即使受邀请，也不会再接受。

因此，对许多女孩子来说，“交际约会”的时期是一个耻辱、挫折或失败的时期。但是这个时期虽然痛苦，在心理上却并不常是一蹶不振的。这类不成功的女孩子，往往比那些“著名小姐”更早订婚、结婚，结果常常有较好的着落。反之，许多著名小姐，舍不得放弃这种婚前的风头，而且著名小姐的身价，除了其他条件以外，是视花在她身上钱的多少而定的，其标准之高，非大多数青年所能负担。

“交际约会”的开始，先由一个青年男子向一个女孩子提出邀请，共赴公共的晚会，照例是由男方付钱的，但自从经济恐慌以来，偶然也有女方自己花钱的。这种晚会所供的消遣娱乐，要看男孩子的财力及愿望和当地的情形而定；但总是在公开的场合，差不多总是包括一起吃一顿在内，无论是在就近的药铺内吃冰淇淋苏打，或是享用当地所能提供的最精致、最昂贵的盛餐。除了吃东西以外，最普遍的娱乐就是跳舞，跳舞的地方，从公路旁仅有一架自动留声机的简陋的咖啡室，至最华丽的跳舞厅或乡间俱乐部。男性（称为“护卫者”）如非特别年轻或贫穷，应该亲自驾车接送女伴。如果提出的娱乐具有正式的或华贵的性质，男性应该供给花球，以备女孩子佩在衣服外面或戴在头上。

这种花球的选购一部分依据购花的费用，一部分依据它们配称女孩子容貌、风格或装束的程度，反映男子心中对他那个晚上的女伴所估计的第一个印象。以后的娱乐中的每一节目，男孩都会有进一步的表示；花钱的多少，本身虽无所谓，但对女孩子的自尊心却至关重要。

“让女孩子过一段快乐的时光”，虽为一场“交际约会”的基本背景，但就男子而言，却并非其目的所在；他的目的，乃在于招引女孩子，向她证明他是值得爱的，从而证明他是成功的。有时，凭着跳舞技术的优美娴熟，可以引发对方的赞许，但更为普遍的、也是意料之中的，这种赞许往往由谈话引起。此处又是文字辞令占着首要的地位。

在最初几次的“交际约会”中，双方还是比较陌生的，为了建立若干共同的兴趣或经历，至少要证明自己是值得对方注意的，进行适度的自我介绍自然十分重要。不过，这种表白与任何美国人在陌生人间所作的自我介绍都差不多，所不同者充其量不过是着重点和腔调有所差别而已。约会谈话与普通谈话不同的地方，在于它集戏谑、吹捧、机智和求爱于一体，过去称为“谈风”，但每一代人都会另外嘉赐一个新的名称。

“谈风”就是一个在共同形式中表示出独有色彩的地方，被人认为代表个人人格的一面的。大多数男子对于他们的“谈风”非常心领神会，可以轻便地运用自如；这种“谈风”在和不同的女伴交接时，可以随时练习和改进。“谈风”的目标，在于娱乐，取悦和争占女孩子，此外并无情绪上的深意；它只是一种竞赛的技巧。

女孩子的本领，即在于如何躲避这种谈风，而不至使她的男伴失望，或让自己在情绪上陷溺其中。她落入这种谈风的圈套到什么程度，即表示她在这种微妙的竞赛中，失败到什么程度；如果她太使他失望，以至他不再提出最近将来的邀请，那她还是一样的失败。她要保持胜利者的地位，必须在轻易顺从与冷若冰霜之间，做最巧妙的抉择。

男性如从女孩子方面，能比他的实际的或想象中的对手，取得更大的优遇，他就算获得了胜利。大概由公共娱乐场所回到女方家中的归程内，就是胜负分晓的时期。晚上分手时的接吻，那是一晚娱乐后应有的最少报酬；但是此外还有什么好处，那就要看男方的进取心、女方的自信心，和双方共有的“约会”次数而定了。在这种求爱中，仍不牵涉到双方真正的情感；其使用的姿态、亲昵和辞令，虽然和真正的求爱完全相同，但仍旧是竞赛的一部分；除了绝无仅有的情形外，并不是意图诱惑；其所追求的满足，基本上不是感官方面的，而是自尊心的满足。男方应该由不断要求进一步的优遇，以表明他的才能，和证明他是值得爱的；但是在女孩方面，如果答应得太多，或者答应得太容易，也许很可能令对方失望，正好比在打网球或下棋时赢得太容易时可能变得失望一样。

这种亲昵关系，应随着每一次与同一友伴的“约会”而增进，直至近乎发生肉体关系，但实际上真正的肉体关系是难得发生的。在这些后来的阶段中，勾心斗角的竞争仍在进行，不过明显的程度消减；凡是能使别人失去自制，而自己（他或她）不失自制的，就是胜利者。

此地必须重复再说一遍，“交际约会”的第一目标并非在求性的满足。一个“容易如愿的交际”并不是一个良好的“约会”，相反亦然。除了职业的或半职业的妓女以外，在许多团体中有些女孩子，曾自己存有幻想，妄想由滥交而博取声名。她们的电话号码可能被辗转传递，但她们却不是受人馈送兰花花球，或被挈引至最好的饭店坐在前排桌子上的女孩子。相反的情形或许更加准确，这说起来像是一个难解的谜，但也不至于太难解：即在理想的约会中，双方都是非常的得众望、娴于技巧，且非常自信，结果是势均力敌不分胜负，不能有一面倒的情形。

虽然约会交际是一种包括两个人的事情，但往往有组成“双重约会”的情形，即由两对男女共赴同一地点。此中值得注意的是，在安排“双重约会”的两对男女之间，往往在同一性别的两位朋友之间（普通以两位男性为多，但也不一定），反有更深的情感联系。还有一种进一步的变通办法，那便是所谓的“盲目约会”，约会中的男女，在晚上共欢作乐以前，根本还是互不相识的。这或者是起于原来约会过的男女，因为他（或她）的朋友缺乏友伴，所以请求对方代为介绍一个；或者起于在异乡作客的男性，既无熟伴，就只有根据他所知道的女性电话号码，径自自荐。后面一种情形，在1943年的商业广告和在后来所谓“盲目约会”的无线电节目中曾被利用，可谓发人深省。由听众选出来的成对青年军人，必须在电话中争取看不见的模范女生的欢心，而那位模范女性，根据几分钟的电话谈话，来选定她的对伴，在电话中她尽量少说话，仅限于不使谈话中断而已。胜利的人就可和她在“鹳鸟俱乐部”共度黄昏，费用由节目主办方负担；胜利者还可获得供送给女伴用的花冠和一小笔现款。

交际约会是公共性的。前面已经说过，它们大部分是在公众场所发生的，其最后部分虽然不像“盲目约会”一样，另有第三者在场，然而其间经过的情形，并不需要保密。关于过去约会的详细情形，虽然叙述时带点夸张，不失为年轻人在同性间和同代人之间最盛行的谈话主题，而且也同小孩子在玩伴中或在校内追述他胜利的情形一样，这种追叙约会的经过，也是取得别人尊重和敬慕的方法。

一个男子的注意力，如果集中于一个女孩，结果几乎势必以订婚收场，一旦订婚，交际约会也就宣告结束。交际约会一事就其定义而言，是带有滥交性质的；在美国，一个青年长期依恋一个追求和婚姻范围以外的异性，这类的情况几乎是没有的，举例而言，他们并没有像法国学生有所谓“女朋友”那一套。大多数青年由于情感上的逐渐成熟，感觉到他们寻常所采用的交际约会的形式，仅具格局而缺乏内容；于是有少数人——“登徒子”——便把约会推演成经常性的诱惑异性；但就多数人而言，都是以订婚结婚而收场的。

多数美国人结婚很早，有许多人高中或专科学校一毕业就立刻结婚。华尔特在《我们的城》中借舞台监督之口说：“现在是 7 月 7 日，刚过高中毕业的日子。在此时我们大多数的青年奋身而起，结婚成家。他们一待把立体几何和西塞罗演讲词考完以后，就好像突然感觉到自己可以成婚了。”华尔特的戏是以 1904 年一个新英格兰的小城为背景的，他所提出的成婚年龄，比同时代都市背景下青年的结婚年龄略为早些，但美国人结婚确实挺早的。

这种早婚，大体上是由下面的事实所造成的。第一，因为除了一些特别的例外，在美国人的生活中，不可能有一种私通的方式，使得婚姻圈子以外的青年可以公然实行需要躲在汽车里偷偷摸摸进行的不甚舒服的调情；第二，除了生殖腺的自然冲动以外，还有一种流传甚广而持之甚坚的信仰，认为正常的性交为健康所必需，而禁欲则同便秘一样，对身体是有害的。

现今许多美国人到结婚之时，虽然事实上已不再保持处子之身，但他们婚前的性经验，大部分是偶然一次的，普遍都是酒后兴致所至的接触，既欠舒适安逸，又不一定能守得住秘密；所以就大多数美国人而言，婚姻等于是经法律上裁可的初次的“私通”。美国妓女的数量虽然不少，但她们的主顾以年龄较大的中年人为多，尤其以与妻子长时分离的已婚男子或操外国语言的移民为主。过去很普遍而且廉价的妓院，现在数量日益减少，费用日益昂贵，已不像对大多数法国或意大利青年那样，不是大多数美国青年教育内的一项节目。

因为结婚较早，在选择对象之时又缺乏可供参考的经验，所以离婚的现象在美国要比任何其他国家都要常见。既然“私通”要经过正式的裁可，则婚姻的结束也同样要有正式的裁可。尽管有许多由英国的或宗教传袭而来的法律假设，而且各州关于离婚的法律大有不同，但根本上离婚是经双方同意的。在许多州内，关于离婚时财产的处置，对女方有特别的优待。

照通常的情形，一个人离婚以后，几乎便立刻重新结婚。那个使第一次结婚被认为合宜的理由，依然有效；身心成熟却不结婚的个人，除了在大城市的富人间和流浪人士之间，是没有受人尊敬的社会地位的。结婚即便没有其他意义，至少也是对寂寞之痛的最好抵制。

一般认为婚姻是建立于浪漫精神与恋爱基础之上的，其间并不包括其他的条件。通常是没有金钱上的出入的；新娘并不被期望带一笔嫁妆来，而新郎也并不被期望要做一种金钱上的处置。新婚夫妇的家长，除了“给予年轻人一个起点”，给予没有明文规定的协助外，在金钱上并无公认的义务。

恋爱的狂欢，即使是婚姻的唯一理由，但恋爱狂欢的阶段，是难以维持长久的。通常接踵而来的，是家务的苦闷，扶养家庭的困难和责任，所以美国人对于自青春期以至自己的第一个孩子出生的一段时期，极端地珍重。这一时期，差不多每个人都认为是生命的巅峰，过此以后，便逐渐地走下坡路了。这个时期，大约是 12 岁至 25 岁的青春时期——我们生命中最好的年头，而且几乎可以毫不夸张地说是生命主要存在的理由；凡是度过这个时期的人，所负主要责任之一，即要让他们的子女至少也能同他们一样享受青春期。年龄较长的人，之所以对由 1929 年开始的经济恐慌暗中自觉歉然，理由之一便是这种恐慌妨碍了整代青年人青春的享受。而美国参战以前，大家之所以反对把美国孩子派往国外，并且一待军事胜利以后，即要求尽可能从速把他们调回，主要理由之一就是不要让他们的子弟把一去不复返的青春糟蹋了。这种对青春的强调，在美国的公众娱乐、电影、杂志、长短篇小说、广告等等中，都占据重要的地位。事实上，美国人的平均寿命比世界上任何其他民族都长，而且也像其他都市社会一样，人口中老年人的数量日益增加，但却缺乏一种通告大众的媒介，来使人知道这一点。美国人喜欢自己设想并被人视作处于生命的巅峰地位；他们宁可和他们的儿女，而不是和他们的家长混在一起。美国人根据同样的理解常常自称为“年轻的国家”。其实在许多方面，他们实在可称为“最古老的国家”，因为世界上没有一个其他的强国，如他们那样仍生活于18世纪的宪法之下，也很少有国家在政治上像他们那样保守；不过，因为青春被非常珍视，所以势必把整个国家称为年轻的国家。基于同样的理解，应征的年轻士兵，即美国大兵，被人感觉到并被称为美国“典型的”代表；这种代表性，就一方面说是年长的军官或和平时代的俱乐部妇女所达不到的。年长的美国人，尤其是男性，对他们的青春则不胜怀旧依恋；中年的男性政客，把应征的士兵称为“我们的孩子”（注意不是“我们的将士”），这一句话所包括的情感，与任何其他国家对他们在军中的代表人物的称谓，在品质上和在强度上是不同的。所以，美国对军事人员通常给予比较丰厚的慰劳金（红利）的原因（哪怕其实有些人整个服役时期都是在国内做些办公桌上的工作），恐怕就是为了补偿青年们若干年的青春损失，虽然就我所知，这并非出于有意的安排。美国的青年，除了体力的英武以外，有两个主要的特征：比较缺乏责任感和热衷“交际约会”生活。客观地说，“交际生活”乃是美国居民所特有的、程式固定的求爱阶段前的行为；主观地说，它是个人生活巅峰期内最重要和令人愉快的要务，等到事过境迁回顾起来时，可以有越来越强的魔力，甚至超越过去和现在的现实，所以当遇到了失去若干年现实的人时，许多人就企图越俎代庖，为他们提供一个聊以解嘲的替代品。我们可以毫不夸大地说，在多数美国人看来，独立宣言中所称的一种不可转移权利的“幸福的追求”，就是“交际约会”的婉转文雅的称谓。

“交际约会”不单在男女青年之间有重要的作用，在青年男子之间也有同样、或差不多相同的作用。关于青年人在同龄伴侣之间，对立和竞争选择“交际约会”，以及其竞争的成绩有什么关系，前面已略有述及。就青年而言，在幕后同其他男性的竞争实为一场“交际约会”成功的要素，男性在对女伴的选择之中是毫不掩饰这一点的。一个女孩子是否为理想的“交际对手”与她是否受欢迎成正比，也就是看其他男性认为她合乎理想的程度而定。表现在交际的过程中，一个人成功的程度须视他是否能比对手获得更多的优惠待遇而定；仅仅取得同样的待遇是不能全盘满足的，这也可以帮助说明为什么在“交际约会”中“轻易到手”比较不受欢迎。而且“交际约会”的胜利只有在事后向同辈及对手叙述或在“男人会”或类似团体中提及时，才加倍地有味道，在某些例证中，他们的重要性只有在这些情形下才能被充分证明。

就情绪上而言，“双重约会”的格局尤其重要。这是朋友之间适常的和意料中的消闲行为。朋友间的友谊越深，则这种行为越相宜，而且越有必要。

处在同一年龄组别的男孩子和青年应该抱一种友善的竞争态度；同年龄的人可以作为检验自己成功水平的对象，如果对方获得绝对的成功，那自己自然相形见绌，深受打击，反之对方如果只是相对地成功，这种成功则足以刺激他做进一步迎头赶上的努力。对等的或近乎对等的人彼此之间的关系相似，其一般说来是匀称而风平浪静的，在表面上是愉快友善的。其间在遇到一方有任何轻微的个人怪癖或特点之时，另一方才会用幽默的批评或冷嘲热讽来表现侵略精神，而最典型的方式，即为起绰号或“聪明地打诨”，这一种讽刺性的批评方式，关键在于在采用机智的措辞来掩饰可能伤人的锋芒。

这种意在掩饰基本竞争性的友善诙谐流传非常之广，可以包括一个人所认识的和记得的任何人——虽为多数男子之间的准则，但照人们的预期，他们至少直至求爱和结婚，彼此之间还有别种关系。在这种关系之下，相互的竞争是默默进行的，感情的热烈则继续增进这种关系，虽然并不期望垂诸久远，但一个人在一个时段只有一种这样的关系；在和平年代，这种关系可以“同房间”为典范——即两个青年在大学里，或在离开家园的城市里共居同一卧室。

这种同房间或同伴式的关系的程度和强度可以十分热烈；但是越热烈、强度越高，则这一对友人越有参加“双重约会”的必要：到了友谊最深的时候，他们甚至也许会和同一个女孩子嬉戏，通过分享她的优惠而保持他们间的关系。这种关系在名为“Flagg and Quirt”的一组戏剧和电影中，曾有过最奇妙的描写，在实际生活中，也有许多同样的情形，这被认为特别具有大丈夫气概。

大家认为友人之间的关系越温暖，他们越热烈地共同追求女性，但美国人对同性恋深怀惶恐惊惧。一般的美国人，不但对同性恋抱着嫌恶、憎厌的态度，而且带恐慌的性质，它被认为是一种直接的个人威胁。

这主要的理由似乎就起于我们前面一再提到的女性式的良心和存在于内心的母性道德。因为每一个美国人在他的人格中都有一种女性的成分，他们对于自己本身的性别特质常抱有一种深切的潜匿的怀疑；任何可以引起这种怀疑心的人物或情形都将被视为对一个人尊严的严重威胁，并随之引发强烈的抵制和惊慌失措的反应。第二个理由，也许是因为美国人在孩子儿童期中不断地被催促着尽力甚至超乎力之所及达到崭露头角和早熟境域的这一特征，被动性却从而成了始终存在的和始终危险的诱惑。第三个理由，无疑是大多数美国男性因为他们所受的教养而势必对妇女产生的深刻的、互相冲突的情感。在儿童时期内，妇女不仅为授予抚爱和奖酬的主要来源，也是实行惩罚或以惩罚为威胁的主要来源，所以对于大多数儿童来说，爱与恨、信赖与恐惧是无法分离的纠结。这种复杂的态度，其中消极的成分，因为顾虑公众的和私人的指责而不便作公开的表示，其中积极的成分就不免常常被过度强调，借以向外界、尤其向自己，把那种作为一个正常的人所不应该有的感情掩饰起来。

这种复杂的态度，在战争时期有最明显的表现。在所有交战国家中，只有美国一国禁止所有从外表看得出来是同性恋者的人加入军队；在应征时举行的心理病症测验的主要目的几乎就是为了鉴别出同性恋来。所以常有人说最容易的避免应征的方法就是剃去腋毛，并在体检时使用浓烈的香粉，别的都不用做。这种挑选方式之所以存在，并不是认为同性恋者不能成为良好的士兵，而是对其他人的一种必要的保护。即使到了真正缺乏人力之时，也无人建议把这种被拒服兵役的人重新分类、让其服役。

在美国，同性恋之所以被看作一种威胁，不像西欧一样，被认为是对青年和未成熟者的威胁，而被认为是对成熟男子的威胁；无人敢断言自己不会陷溺其中。这一点在大都会戏院及滑稽戏中所流行的许多描写和笑话里，最为明显；其中幽默之处，并不是起于同性恋者女人式的姿态和说话的腔调，而是起因于剧中的丑角，把剧中人的无作用的活动，故意解释成对他个人进攻，常常引起哄堂大笑。

因为相信这一方面人人都有弱点——因为没有人敢断然自信不带一点娘娘腔，所以对于征募入伍的士兵必须采取一切可能的警戒，尽保护的职责。淘汰公开的恶病中心是第一步，但单凭这一步是不够的，因为营房内住在一起的人毕竟全部都是男性。为维持士兵们男女性别的利益，陆军部鼓励士兵在墙上挂些裸露的女人照片以供赏心悦目的行为受到了报纸及公众的热烈支持；美丽动人的女艺人经常访问营地，以“激发”士兵的士气……这些活动得到了整个社会的赞许，哪怕最清教式的团体也认为这是正常的和合适的活动。人们对过于随意地向青年入伍军人供应啤酒曾有过许多抗议，但就我所知，从来没有人抗议他们在周围放置具有半猥亵意味的艺术品。

在正常情况下，美国男子之间的一切关系全都受这种深恐自己成为同性恋者的心理的影响。为了向自己证明这种恐惧之心并无根据，他们必须坚决地表示出对女性的兴趣；如果和另一个男子的感情越热烈，则他们两人越有必要设法显示出他们对异性的兴趣。“双重约会”，即两个男性之间的友谊的证明，便具有正当安全的性质了。

在前线时，这种关系潜在的危险性通常是不能用“双重约会”或共占春色来控制于安全水准之上的。在这种情况下，友谊极易滋生出极强烈的感情。最常见且最容易促成的就是“战争神经病”和“战争疲劳症”，比如因个人“好友”“知己”的死亡而引发的忧郁症——这种情况很多。不过，如果在战争中双方均安全无恙，这种关系便难以维持到他们回到美国，否则那就危险了。

大部分美国人，因为有这种向他们同辈、向自己证明不是娘娘腔、不是同性恋者的需要，他们的生活受到了限制，他们的利益也被严重地损害。他们的任何兴趣或事业如果被认为类似女性的兴趣或事业，都会受到男性方面的质疑。这包括大部分的主要艺术，尤其是次要艺术，如家装、园艺等等。诗歌与绘画——都是危险的事业，而小说写作、音乐和建筑则比较安全。实际上所有知识方面的事业和兴趣都沾有嫌疑的色彩；美国知识分子每遇集会之时，一大部分时间都花在大声疾呼、互相证明是正常人物上。如果人们看见了一位男性室内装饰家，就不免扬眉结舌，但如遇到一个女性人事专家，别人对她的女性特质却并不怀疑。

关于这种不自觉恐惧心理的流行并没有言过其实。没有人能十分坚决地相信自己是安全的。杰克逊在《勇气的衰堕》中，以一个 40 岁的有两个孩子的已婚男子作不幸的主角，目的便是将这种无休止的不安全感进行非戏剧化的表现。

我认为这种恐惧心理与趋势的流行和严重性与许多美国人的典型行为——酗酒至醉——在某种意义上相关。有极少数人曾有计划地借酒而忘记一切，在清醒时自觉歉仄不妥的行为，一到三杯下肚，良心上就有了安慰。但更为重要、更为普遍的则是社交中的饮酒，在这种场合下，饮酒的人得许大大增加彼此身体部分的接触，其中尤为典型的便是男女双手围颈，酣歌嬉舞。这类社交晚会的重要价值即在于摆脱一切日常的禁忌，从而产生出强烈的温暖之感。

由此可以引申，美国男子之间的关系通常是很淡薄的。所有的美国人都要求得到别人的称赞，但这种称赞是很容易获得和表现出来的：只需以小名称呼，开开玩笑拍拍背，随意地一起喝酒和消闲，轻快地谈话就行了。差不多所有的美国人都深恐被人拒之大门以外，所以他们会把不轻易表示友谊的人斥为“目中无人”“摆架子”或是“谄上骄下”，打算在被拒绝以前先予以拒绝；因为一个人如被拒绝，即使对方不过是一个性格古板、面貌森然的仆人，自己仍有失败的嫌疑；显得自己也许不值得受人之爱。反之，凡是富于表示这类简单的友谊迹象，尤其是对经济状况和社会地位上不如他却还能够能殷勤接待的人，则被颂为“真正的汉子”，“真正的民主分子”。“民主”一词在用于说明性格时，一般是指一个居于较高经济或社会地位的人使地位不如他或她的人与之相处而不觉他们处于卑下位置的行为方式；这个名词是没有政治涵义的。

因为大部分美国男子之间的友谊是散漫的和缺乏深度的，所以严格只限于同时代的人之间。对逝去的青春的怀念会使共享同样经验的人之间的某些旧有关系得以保持，但大多数美国人一旦结婚以后，往往就会放弃同年龄组的友善的竞争友伴，而代以他们现在所处地位上最切近的对手——他们事业或职业上的伙伴，也常常是他们的邻里，他们儿女朋友的家长。美国人可以毫无牵挂地变换住址和职业，而住址和职业一变，朋友也就换了一批。这并不是说美国人缺乏出于自觉的挑选，不过这种挑选难得有重要到虽然不复共居一地或共理一业，而仍旧值得努力加以维持的。就多数美国人而言，在许多服务性和爱国的俱乐部及团体中——如扶轮会、狮社、克华尼俱乐部（创立于1915年，以提倡工商业及自由职业的高尚理想为宗旨——译者）、麋社（共济会分会之一，创设于1868年——译者）、共济会、美国退伍军人会（创立于1919年——译者）便可找到足够的友谊，也经常举行热闹的活动。

以上所述，并不是说美国人比欧洲人更缺乏朋友；实际的情形，除了在流动不定的人口中最穷苦的人外，也许刚好相反。不过，一般美国的友谊是重广度而不重深度的，他们的友谊立足于共同利益，而非性格意气相投。近年来恐怕每一个西欧人士都曾感受得到，美国人是非常容易给予和接受友谊的。这种友谊，也同欧洲人所艳羡的家庭用具一样，就美国人而言不是一种奢侈品，而是一种必需品。

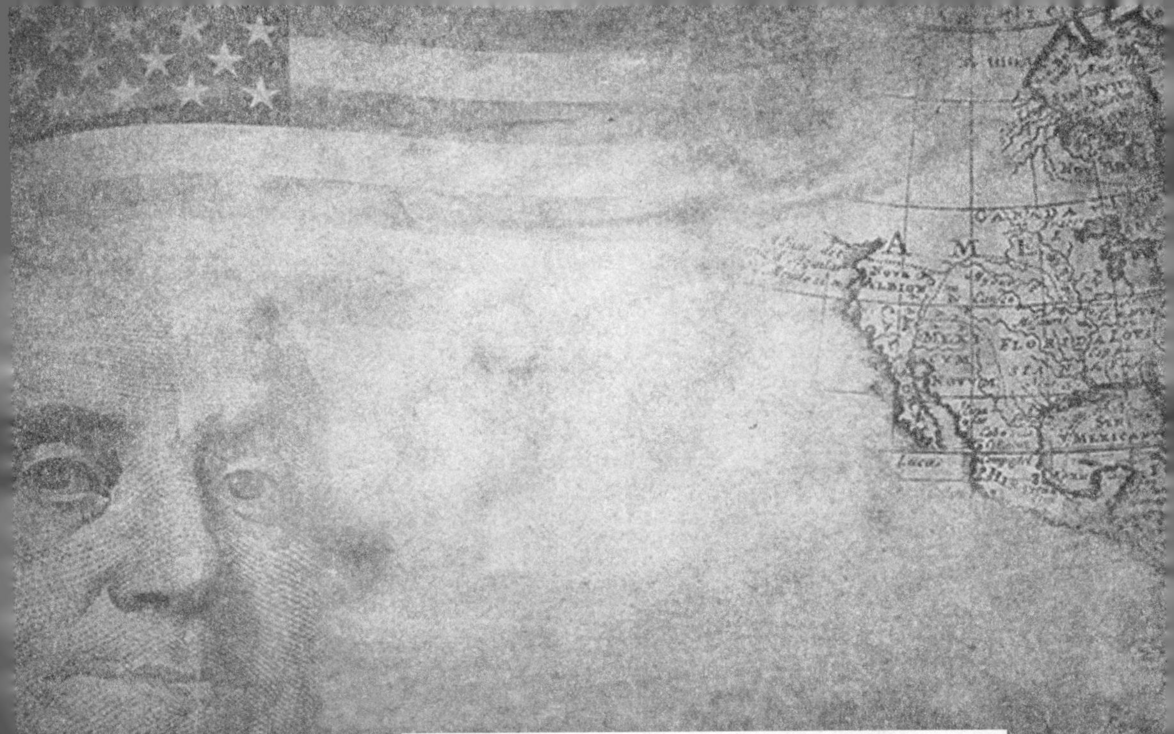

[第五章]

人格，机器，价值

勇于作为和环境优越的人，固然可以将自己的利益好处加以发展运用，但多数人势所必至只有把他们的娇美、他们的坦白、他们的温情、他们的性感、他们的声音，卖给或租给一个老板，以出卖劳力一样的方式为老板的利益所利用。动人的浅笑或悦耳的声音，差不多和会计的知识或矿冶的技术一样，同是一种可以买卖的货色。“推销自己”对一个刚进入职场的青年而言，是一种值得赞美的行为，而且也是“推销”一种思想或计划所必要的初步功夫。一个不懂“推销”自己的男人或女人，在事业上是受极大阻碍的。

友谊与爱意对美国人来说是不可或缺的东西。他对这种情感的要求是永不满足的，每当他们受阻而不能获得友谊与爱意时，就不免引起他们痛心蚀骨的怀疑，害怕自己是不被人爱的，害怕自己不算成功。每当两个或两个以上的人聚在一起时，无论是极寻常还是极重要的会晤，无不期望有这类友爱的表示。即便只是买一点点东西，都必须浅笑迎人，并心领神会地表现出卖主以能为你服务而快乐；哪怕是在最严肃的商业或政治会议上，开场时也必须彼此招呼，互话家常，表示与会的人互相融洽无间。这种友爱的表示是没有其他东西可以代替的；勉强不欢的服从会产生不安、傲慢、矜持、恐惧和敌视心。美国人人平等的思想要求人与人之间的一切关系都应该带上几分友谊与爱意的色彩。

这种情形的最难理解的例证之一，便是南方美国人要求黑人采取的态度。黑人在恐惧与权力的强制之下处于屈辱的地位，这一点是无论白人黑人都十分明白。不过，白人却要求黑人在和他们相处之时，应该保持笑容可掬、热诚和友善。任何冷淡或置身局外的表示，都将被视为无礼或敌视，至于面有愠色，所招致的不满就更不用说了。任何黑人如果没有表现出按常理他自己都感受不到的友谊态度，即被斥为“桀骜不驯”。

如果其他一切条件相等，凡最能表示友善兴趣的人，也最能获得习俗的赞许和投票的支持。1944 年工业组织大会为鼓励工会分子参与地方政治，曾出版过一本《美国人的政治》，其中一页是名为“政治家——他是如何长成的”的两幅图画。第一幅画是一个演说者，站在名为“公共职位”的大建筑台之前；第二幅图表示出台后演说者循以进身达到声名的阶梯。阶梯的各级，从底下起每级都有说明：认识邻里——听受意见而不强辩——记住人名、地名——登门访问——做各种打杂的工作——在本部的工作——开始参加讨论——认识“老板”——在会议中发表演说——给人嘉惠——解决纠纷——取得选票。从市政府最低级的官员起，直至境内最高位置止，这种规则只要加以必要的变通，都同样适用。记得别人的小名和个人的癖好，比最明智的立法可能获取更多的选票。

这种对于友爱的表达因为具有重大的商业价值，所以不能听任气质方面好恶无常的支配。大量以吸引公众为职业的人将学习如何表达友爱作为他们职业必备条件的一部分。常有人设班授课，郑重其事地教授“获取人心的微笑”、“表示友善的握手”、“欢迎来访者，使宾至如归”、“兜售的职业”、“带微笑的发言”等等。这种友爱的表达有时被推行到极广泛的程度。有些风景名胜区的市镇和旅馆都有职业招待员，他们负责欢迎游客，对游客仿佛一见如故，多年老友似的。性的兴趣也同友谊一样，是经过伪装的：大多数航空公司和其他豪华的旅行机构通常都雇有美丽的女侍应生（航空公司最初雇佣女侍应生的原意，可能在于使胆小的男性旅客对之生愧；在一个美丽的似乎十分镇静的女性之前，如果显出恐慌的光景，则将被称为“娘娘腔”），她们职务的一大部分即应酬素昧平生的男性旅客。美国西部及西南部若干专门供应汽车客人的咖啡馆雇有非常美丽的女侍，你无须下车，她们便会把你所要的咖啡、可口可乐、腊肠面包送到你的车上，她们身上穿得少到不能再少，只消解开两个结，便可变成完全的赤裸。自然在工作时间内，这些结是绝不解开的，而且大部分顾客把吃的东西吞下肚后便会开车离去，很少有人和这些笑面迎人的美女有再见面机会。不过，这种意在不言中的暗示增加了所吃的东西的滋味，也许还可以诱使顾客在再有旅行时不辞多走几里路，作第二度的光顾，而这一点也就是引人心痒的主要目的。

在这一个尺度的另一端，则为若干小城镇，在他们人口聚集区之外的荒地上，由旧铁路客车改装成的因陋就简的餐车，为招引顾客起见，显著地展示着受污损侵蚀的招贴，保证“招待周到”“宾至如归”。在战时非常需要血浆制剂，美国红十字会曾于各地设立献血站，办理极有效率；在许多献血站，当一个人结束献血、出门之时，会碰到一个自愿服务的、专门向人道谢的人，向人殷勤热烈地致谢。这种工作被认为是重要的战争工作。

这种训练有素的对于友爱的表达在历史上也许曾被雇主利用，他们注意到凡是气质上适宜于作此类行为的男女销货员能够吸引较多的顾客，推销较多的货物，因此他们便要求所有的雇员都作同样的行为。但今天的情形又有更广远的扩展；加入教授“爱娇”的学校的女子一本正经地遵奉着可使她们变得娇媚的教导；而卡内基的《如何获得友善及影响他人》十多年来始终是一本畅销书，书内的训诫一直被人小心信奉。书内用流畅而生动的语言详细记述着教人如何做得使别人相信你喜欢他们，如何佯装友谊等知识。对诚意问题的质疑是根本不会发生的，读者在希望实现书名上所承诺的目标时，无疑是怀有一片真诚之心的；他的成功全要看他信守书中训诫的程度而定。

这种以及许多其他担保社会成功及幸福的书籍和学校的重要性在于其本身所包含的对于人格、对于自我的观感。在购买这些书籍和考入这些学校的美国人看来，我们并不是“像上帝造就我们时的原样”；我们也许不能通过处心积虑而使我们的身材增高一分，但我们却可以变换我们对世界所表现的形象。个人的人格被视为好像原料一样，有待塑造改进，而性格实际上很受意志的支配。

在此处移民的第二代也许又占据决定性的地位。从各地而来的、具有各式各样的心理气质和身体结构的外国人的子女都在学校之中经陶冶而成为美国人。在这种情形之下，个人的人格并不一定仅仅是世袭特性与经验影响的产物，也不一定是必须加以培植的一种发展迟缓的程序；它也可能被加以塑造或改进，从而更加近于内心的希望，或者至少其造就的模式可以比较更能赢取友谊和影响他人，招引订货，顺利地推销“生意”，让顾客心满意足。

这一切包括许多的涵义。不擅交际的或孤僻的人是不受人怜悯、而受人责备的（至少新英格兰以外的情形如此）；如果他希望并做绝大的努力，他可以改变他的人格；如果其结果不改故态，那是表示他或者意志薄弱，或者更可能是品性恶劣，不尊重他人的意见。“你也可以得人望的呀……”

所以照这样说来，人也同任何其他事物一样，须以相同的方式加以发展利用。勇于作为和环境优越的人，固然可以将自己的利益好处加以发展运用，但多数人势必只有把他们的娇美、他们的坦白、他们的温情、他们的性感、他们的声音卖给或租给一个老板，以出卖劳力一样的方式为老板的利益所用。动人的浅笑或悦耳的声音，差不多和会计的知识或矿冶的技术一样，同是一种可以买卖的货色。“推销自己”，对一个刚进入职场的青年而言，是一种值得赞美的行为，而且也是“推销”一种思想或计划所必要的初步功夫。一个不懂“推销”自己的男人或女人的事业是会受到极大的阻碍的。

再重复说一遍，人格是被视为一种商品、一种原料的；它也同其他原料一样，可以操纵、改造、研究。新近的美国心理学研究，无论在工业或在学术领域，都将这种对人格的看法列入基本假设之内；此外，无论是在专门的、或者通俗的理论与实验记载中，常常显著地根据机器来对人类行为进行种种比喻及叙述。

对人格的研究和操纵，是美国人态度的最后发展；这种态度，在美国独立生存的大部分时期，是美国的特色，也可在很大程度上说明美国的富饶和强大，是来源于精密地分析人类的技能与生理的动作，并在之后加以利用的结果。在美国技术天才的成长过程中，一般有两个基本点，其一便是把人视为工作机器。

美国的技术革命与工业革命是同时发展的。许多精细的带有艺术性的工艺，例如精美纺织、细镶木作、精细玻璃工、镶制金银等，过去都有数世纪的历史，是在师徒技艺相传的传统中发展的，因为其具有如此显著的历史性因素，所以在美国始终格格不入。等到对于这些精细制成品的需要增加后，美国人初只输入制成品，继而则索性把曾在欧洲学习这种行业的工匠运往美国。然后他们再把这些商品的制造进行系统的分析：制造时用些什么工具，制造时的每种动作姿态；接着再设计出尽可能做出同样工作的机器，再把动作姿态归纳成为可以加以控制和分析的动作，使原来一名艺匠需长年累月才能学得的技巧，机器在数小时内便可应付自如。自然在有些例证中，最后的制成品不及原来工匠的创造品富于个性，精美度与永久的价值也相形见绌；但是它们的产量却以百万计，而且制造每件成品的劳作时间非常之少，所以供给已经不再成为问题了。

这种历程仍在继续重复之中。大家知道促成原子弹发展的科学家多数是在欧洲习得他们的技艺的，且不管他们是向哪一个国家效忠的。在这些例证中，整个历史的程序又重演了一次。美国先是俘获了德国的既成品火箭飞弹，然后再加以分析；接着把技术人员、德国的科学家运往国内，再分析他们的行为；等到这种分析完成之后，他们便开始制造出更庞大更优良的火箭飞弹，比德国的原作品飞得更高更远，而且，就我所知，虽然官方始终没有对此事进行过正式的公布，但美国无疑是可以实现这种大规模的生产的。

这种技术分析，是美国独立史上大部分时期对世界所采取的态度的一部分。除此之外，对工人的姿态动作进行分析，并将其视为机械动作的一部分，这也是20世纪美国发展的显著特征，在这方面，特别重要的人物有泰勒、福特等。大规模生产要靠三样东西：一、发明无数的纽带；二、把机械的程序分成一些小的片段；三、分析程序中每一阶段进入第二阶段所需的动作姿态。第三点是最重要的部分，除非这一步布置妥当，否则其他部分都将不能生效，因为非此不能实现和维持均衡的速率，而均衡的速率乃是成组机件运行的一个基本的因素。

对于工人来说，这样的发展不会继续贬损他在劳力市场上原有的专门技术的价值。工程师这一职业所包括的复杂性虽然变得越来越高，但在现代大量制造业中，绝大多数职业是充其量可以在几个小时内学会、几个星期内完全娴熟的；而身体的良好平衡性与持续力也往往变成了比技艺更宝贵的品质。工人们和职业的情绪上、知识上的联系被降到了最低的限度。居住和求学可以使一个人长居一地，而职业的利益却不能；美国人可以，而且事实上确实满不在乎地改换职业，而且其中任何动机几乎都被视为正当。

值得注意的是，个人与工作之间很少有感情联系的情况，以及这往往会导致不知道最终制成品为何的结果，这在美国人看来也并不是一种缺点。在制造原子弹的详细情形公布以后，大部分欧洲人（我是其中之一）以及少数具有欧洲价值观念的美国人都认为参加这种工作的、数以几万计的不知道最后的出品是些什么的工人一定会感到精神不振、沮丧、失望，几乎要像在劳动集中营做苦工似的，但实际情形却并非如此。我和曾在橡岗或其他原子工厂的工人谈过话，结果表明他们和从事其他报酬与工作时间相同的工作的人的感觉几乎完全相同（所不同的只是多一点孤立寂寞之感而已）。

对于工程师来说，人是机器的一部分，迄今为止还不能设计出完全可代替他工作的机器。这个观点是必然为工人所接受的，他并无选择的余地，只能承认他的身体可以作为一架机器的配件，他的肌肉的张力和灵活协调，是可以最有效经济的方式加以利用的原料，而他的工作应该是去学习少数例行的动作，并连续不断地去做。对于多数工人来说，他们好像并不感到这是耻辱或自减身份，而是认为这是维持生活的必要条件；工作的单调则借白日的胡思乱想而得以排遣；人们注意的是工作条件的改良，而个人的人格与技艺同包含大量工作时间的职业之间脱离的关系却难得被加以过问。以上这种情形虽被接受，但他们不自觉地表现出的不满之感也有据可循；美国非技工的高流动率，以及实行最大规模大量生产的工厂内工人的高流动率，都表明一般人都有一种焦躁不安和另求新路的心理；而这种高度的流动率，又产生了一个附带的结果，即大大增加了美国人认为最可怕的寂寞感与孤立感。

一个人与职业缺乏密切的关系，看起来似乎带来了两个主要的心理产物：注意力的下降和力求避免职业以外的无聊生活。实际上，这两方面是互为补充的：重复一组千篇一律的规定动作步骤，只有一个低能者才能够或需要高度集中注意力。因此，工作时间势必成了令人厌倦的时间，只有依靠白日间的胡思乱想才能使厌倦之感得以消减。这种厌倦之感虽然并不被认为是耻辱，但却被认为是痛苦的（正如从前认为身体的疲倦是痛苦一样），因此，在工作时间以外，就要尽一切努力以求避免再有厌倦的情绪。于是便产生了种种娱乐业，在美国，这种事业的规模、范围和雇佣的人员正在持续增长；而大规模和不断增加使用镇静神经的药剂——尤其是酒精，作为防止厌倦威胁的方法，似乎也是由此而来。

许多美国人利用他们的余闲从事建设性的活动，自己动手建筑房屋的美国人的数量之多是令人吃惊的。这类活动虽然也常常被简化，直至所谓活动只需仔细执行详细的规定便可完成；但对于大多数人来说，在工作时间内就是机器的一部分，所以能在自己闲暇的时间内主动驾驭一种机器，就成为最大的补偿。大多数美国人在处理机器之时，会表现出自信、极大的才能和极大的愉悦等状态；花上几个钟头把一部损坏的机器拆卸了重新修整好，是一件常见的高兴事；在战争时期许多青年奉命掌管庞大的掘土机或驾驶较强大的飞机，这曾使他们的生活几近一种狂欢似的境界。

我认为无须采取任何社会的价值标准，都可以这样说：工作既然占去了一个人在清醒时的大部分时间，而同时人与工作之间的兴趣和联系却越来越缺乏，那么这种状况本身将产生出真正的、心理上的无所着落。不过，这一点很容易引起错误的过分渲染，也容易因将艺匠从工作方面所得的愉快和自尊进行浪漫的幻想，而忘了他工作完成后回来时的龌龊和贫穷。然而即使假定这种把人视为机器附件的看法本身包含有真正的心理上的彷徨和无所着落，而且可能还有其他严重的性质，但为了技术的发展，这却是美国所必须、也是他们心甘情愿付出的。他们曾凭这些技术的发展生产出了用任何可能的标准衡量都不失为庞大的物质财富，使他们虽然仅占世界人口的6.5%，却拥有了世界财富的20%。不管分配方面如何显著不均，但多数美国人都能分享到这种财富的好处。用罗斯福总统就任第二届总统演说中的话来说，美国人口有三分之一主要生活在南部各邦及大城市的贫民区，“衣食住行均感到不足”；但其他三分之二的人口所能享受和支配的货物与服务、个人平均拥有的马力、食物与居住、休闲与娱乐，是世界任何其他国家的人民都无法比拟的，更不用说与他们并驾齐驱了。“美国的生活标准”一词并不是一句空洞的自夸；根据所有物质的标准而言，多数美国人所享受的生活方式，世界上除了极少数人外实在都难望其项背。如果人类得以征服贫穷，如果人人都可以享受舒适而富饶的生活——这当然是一个极良好的目标——那都将得益于美国人的发明和他们所树立的典范。这当然不会没有代价，但在其他的社会中，所付的代价一定还要大得多。

如果说姿势动作的分析和分裂化，曾产生了这种重大的回报，那么对于这一程序的几乎漫无计划带来的副产品，即知识的分裂化，就不能这样一概而论了。也同姿势动作和机器被细分为极小部分一样，知识也有被减缩成为一连串不相关联、各自孤立的部分的趋势，一部分与另一部分之间，正如一张钞票与另一张钞票之间的关系一样；一个人如果是一个多面手更受欢迎，一个学者，差不多好比百万富翁，对于各组事实都能通晓记忆。这种态度的最明显的表示，可见于无线电广播中盛行一时的、以“提供资料”为首的答复询问类节目。在这种节目中，大家被邀请参加“难倒专家”的活动。在这种节目中，电台所聘的“专家们”接受听众的质询，看他们是否对各种互不相干和细微的奥妙能不能保持不忘。在“专家”答复背词之时，虽间或表示出机智，但实际上其中并不包括任何智慧的成分，只需记忆深奥的引证和历史的碎屑而已。在其他的质询节目中，细微深奥的标准降低了，但所受的考验也是记忆重于知识。

这种对知识的态度深植于美国的教育制度之中。从学龄前儿童的智力测验起，到研究生的入学考试止，应试者名次的先后最主要是由他们记忆不相关且没有联系的事实的能力和说话的敏捷程度而定。在典型的考试试卷中往往包括许多选择题，卷子的一边是题目，另一边是每个题目的若干备选答案，让应试者选出哪一个答案是准确的。这自然是为了方便批注分数，和便于严格比较评定不同的应试人和不同各组的应试人的成绩。虽然在有些考卷中，问题提出的方式极为巧妙，但因为在纸上同时印着错误的答案，这几乎势必使准确答案的重要性降低至一个孤立的事实。就大部分的试卷而言，关于这种拼合的资料碎片之间以及于考试以外任何东西的相关联系，却是很少加以发挥的。

遇到非常时期，需要大量民众在极短时期内学会新的技艺时，知识的分裂化就表现出了丰富的成效性。在这次战争中，我方需要大量的航海员、地图绘制员、海军及航空工程师、能说日语和中文的人，以及许多其他的专家，美国能以令人惊异的速度，将所需的技艺灌输给规定需要的人员。从来没有见过海面的青年，在短短几个月以内便被调整为可以担负起驱逐舰和潜水艇的工作。他们当然不像会以毕生学习一种行业的人那样应付自如和充分自信，但他们确实获得了必要的技艺；他们获得了战争的胜利。美国当局把必需的技艺和知识分成为各小部分以后，便可以以非其他国家所能赶得上的速度去做必要的培训工作。

知识的分裂化，除了使学习新的程序变得轻而易举外，其他的好处就很少了，而且还有很大的缺点。前面已经说过，多数美国人在进行莫名其妙的生产制造时甚至连最后造出是什么东西都不知道，但他们却并不因此而感到不安。许许多多参加社会程序的人，虽然不知道、或差不多不知道程序的作用，也缺乏同样的不安感。美国最大的政治危机，就是全国公民中竟会有一大部分人对于他们的社会抱有同样的消极和不求甚解的心态。正如美国的社会与美国国民性和欧洲大不相同一样，双方可能的政治发展和风险也是大不相同的。欧洲式的法西斯主义在美国也不会有更大的发展危险，不说别的，单是美国人反对公开表现的权力这一个理由就已经够了。对美国民主真正的威胁，实在于其公民的冷漠和消极；这种特点如再增强些，从事政治生涯的美国人的才智素质如再降低些，就很可能导致国家瓦解；或者还有一条路，即他们这种冷漠的态度可能会被一批自命为优秀分子的“社会工程师”加以操纵。“社会工程师”本身就是一个流行且发人深省的名词。

知识、甚至交换意见的继续分裂化明显地将这种冷漠升级为消极。大多数美国人受到影响最多的交换意见的媒介形式，是无线电广播，而照美国国内无线电广播的发展情形，也有继续分裂化的趋势。许多曾经批评美国无线电广播的非美国人（他们的批评根据的是趣味的标准）发现商业广告的庸俗且令人不快，除了少数特别广播节目外，其他节目每隔五分钟即被商业广告打断。这种美学的观点也许是正确的，但如与心理层面的后果比起来，就只能居次要的地位了。一个人注意力的转移，譬如从注意一个政治纲领的优点，忽而转移到一种秘传通便药的优点；从一支大军的进展，忽而转移到某一种牙膏的畅销；从农业科学化的谈话，忽而转移到早餐谷类的“科学”煮法；从关于国外贷款的讨论，忽而转移到分期付款购货的便利；从联合国发展忽而转移到大百货公司的生意买卖，必然会对听众造成下列两种后果之一：为了避免纷乱，就必须把收听的节目，缩限于极少的选定的段落；或者把所有听到的节目，等量齐观，视为具有相等的趣味性和准确性。后者自然是广告节目主持人的目标所在，而且这个目标似乎可能正在逐渐实现。

有些广播节目，在其非商业广告部分，包括可能对公民有一定重要性的资料，而在这种广播中，分裂的情形最为显著，但并不局限于此。一般最流行的娱乐节目的形式是由一小队固定的人物发表一连串娱人的、没有逻辑性的话语。笑话通常是很出色的，而且很容易插入谈话之中；但只有在少数节目的极小部分中，笑话才能列入具有意义的一类，这方面尤以亚伦最为著名。他多数的说白本子都可以被割裂或重行配合，适用于任何其他的品类而不会丧失理解与笑料。另一个形式普通、连续性占有重要地位的节目成为了全国性的娱乐，即所谓的肥皂剧，它们常占去白天许多的广播时间；它们需要听众经常的注意，虽然也许每次只要放一点点注意力就行了。它们也像另一主要的集体交换意见的工具——电影一样，提供由集体制造出的奇思诞想，以补充人们私下的胡思乱想。

交换意见方面的分裂色彩，虽在集体式的媒介方面最为显著，但即使在面对面的谈话中，这也是一个可以注意得到的成分。“聪明的打趣”平常都是孤立的、自足的和没有内容的。美国男子间谈话的主要特色即为一待谈话不再带个人性质时，就开始交换分门别类的事实，尤其是那些可用数字表现得出的事实。之所以要提出这类事实资料，并不是用以支持一种主张，甚至不一定是用来掩护其余夸张的内容：如人口的统计及一个社区的发展，某一工厂的体积与生产量，某一种机器成绩表现的详细情形，都是为其本身而一说再说的。这种一再的复述，用意是友善的，甚至是很慷慨的；如果听的人偶然把这些传授给他的事实资料的某些部分记住了，他就因而增加了自己供应事实资料的总量。

分别注视事实的习惯，把事实视为好像各自分立的，并各具同等的真实性，在政治方面也具有重要的反响。许多美国的政治现象，在其他社会人士看来是充满矛盾的，但美国人自己却很真诚地并无此感，因为政策的不同方面，在美国人看本来就是不必连贯的。这一方面最明显的例证，是美国政治与经济的要求或行动之间常见的矛盾。在习惯以整体性视角看世界的人看来，对于美国人观察世界的分裂看法是不能理解的；因此，美国人虽然完全不自觉地发表不同的宣言或做出不同的行为，但观察的人不免认为其间定有关联，因而视其为美国人的出尔反尔，包含极端冷酷、不问是非和不道德的用心。在若干方面，美国人的世界观，与许多原始部落的世界观，与也许可称为原始的世界观，大不相同。绝大多数的原始民族，除了若干著名的以外，都认为他们所知道的宇宙间的各种现象间有着微妙错综的相互关系，所以某一方向的行动，可以，也可以被一些完全不同方面的行动影响。这种世界观典型地体现在各种魔法与禁忌制度上。在西欧，虽然已经否认了许多这类联系，但是仍旧认为宇宙包含有复杂微妙的相互关系。而在美国日益增长的趋势却是把宇宙的每一方面，分别进行观察，仿佛每一方面都是各自独立的。美国的主要哲学实验主义，与其说是一种宇宙论，还不如说是一种观察宇宙的态度。

欧洲人与美国人宇宙观的不同，可从双方所用比论的形式中看到两者之间戏剧性的和系统化的差别。欧洲，特别是英国，通常不断以树木来比喻制度与功能过程：修剪与立桩也许可以防止不良的发展，适当的照护和注意将加速生长，忽略和不良的处置，将有妨碍、甚或伤害的后果。在许多英国人的思想中，都带有与有机物发展作比较的习惯；他们无论在讨论联合国或殖民地人民的独立、品格的发展，或是经济问题时，都倾向于把对象当做本身具有生长和发展的法则，对这种生长发展应该加以明智的培植，不能揠苗助长，也不能横肆妨碍。在同样的情形中，美国人则以机器来比喻。所谓机器，就是设法把一系列不相关联的部分合并起来以产生出预定的结果。如果它不能产生出所希望的结果，或者产生得不够迅速，那就不用等它发展；一个人应该把它拆开，利用拆下来的各部分，再加上必要的部分，重新制造出一架有效能的机器。即使机器的效能合理，也没有袖手旁观，听其自然的理由；因为在昨天已经够好的，到明天又将嫌不够高明了。

这种态度只适用于那些可与机器作比的制度和功能的过程。对认为这种比拟不合理的少数人，尤其是认为其不能适用于美国宪法所包括的各种制度以及宗教的人，定将认为这种态度接近亵渎神明。不过这一神圣的、不可拆分的区域只是很小的一片，而且差不多完全限于美国；除此以外，美国人就都能拆卸下来、加以改良和重新装配，造出更现代化的模型，至于美国以外的世界差不多就更无例外了。

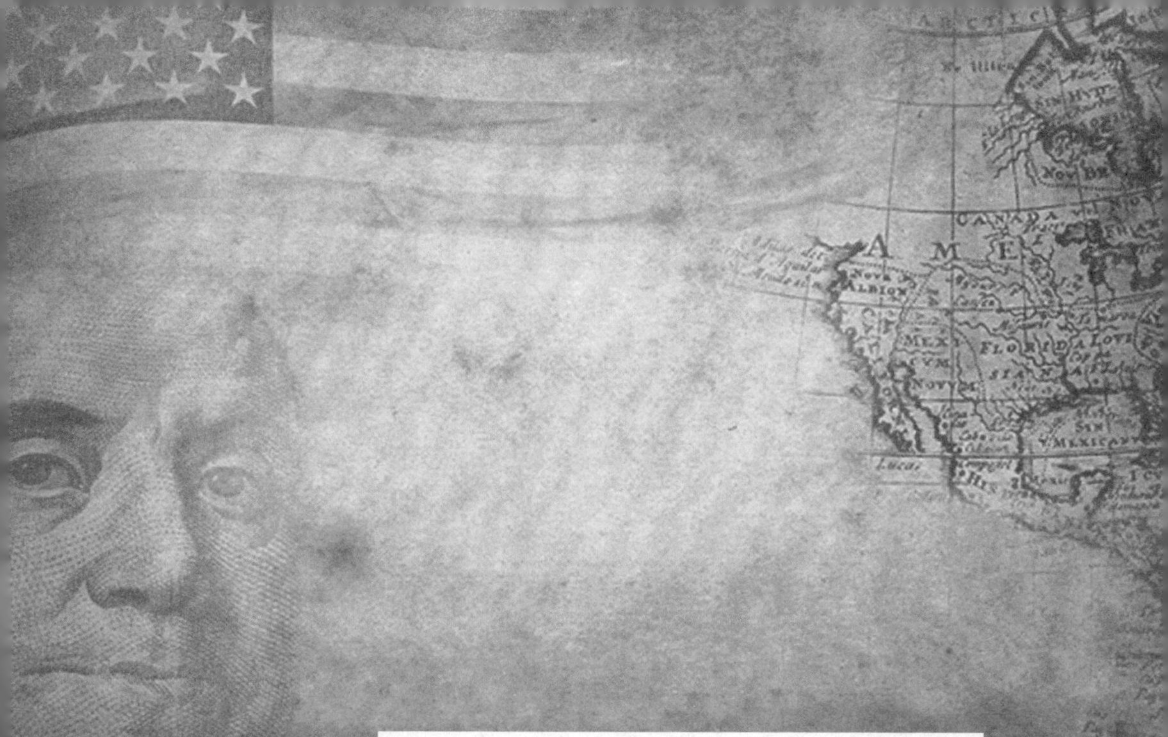

[第六章]

改造，改良，发明

美国人对物质世界的态度，一向是、而且现在仍然是带有革命性的：旧有的传统和历代相传的规则，在经试验而发觉不合时，便被丢在一边，不带一点抱憾可惜的心理。如果有人对破坏传统，对某一种新办法的不切实用，提出任何的抗议，人们照例会反问道：“为什么不？”美国海军工程队据说有个自夸的口号：“我们可以在即刻之间完成困难的工作，我们可以用稍多一点的时间完成不可能的工作。”这也可以说是差不多每个美国人面对事情时的做法。

我在上一章中曾经提到，在美国技术天才的成长过程中，一般有两个基本点，一是把人视作一种活动的机器，另一个则是美国人对于物质、对于事物所采取的革命性的和控制自如的态度。美国人对于物质世界的态度，一向是、而且现在仍然是带有革命性的：旧有的传统和历古相传的规则在经试验而发觉不合时便被丢在一边，不带一点抱憾可惜的心理。如果有人对破坏传统、对某一种新办法的不切实用而提出任何的抗议，人们照例会反问道："为什么不？"美国海军工程队据说有个自夸的口号："我们可以在即刻之间完成困难的工作，我们可以用稍多一点的时间完成不可能的工作。"这也可以说是差不多每个美国人面对事情时的做法。

美国对人对待事物态度的截然不同，是很少有可与之相比的对象的。大多数的美国男子（虽然大多数美国的女子并不如此）在应付其他人士之时，似乎常常被一种不安感困扰，并会用浮躁骄夸的言语捉襟见肘地掩饰这种不安感；关于他们那种永不满足的对别人信任的需要，前面已经说过了。反之，他们对事物的态度，却不受暧昧的纷扰，从容而充满自信，勇往直前而富创造性，实非世界任何其他社会所能见到或设想得到的。在个人关系之中，美国的妇女无论是否亲身在场，总占支配的地位；但是事物的世界，却是属于美国男子的帝国。

美国人完全支配他的物质资料。在大多数社会中，工匠的主要任务之一便是探寻物质资料的天然品质和强度，研究它的性质与趋势，但这些在美国人处理物质资料的过程中却并不占有地位。居于首要地位的乃是他的希望、他的计划；如果自然界不曾供给这种他所需要的物质资料，那么他将尽一切的努力去改善和发明出可以实现他希望的物质资料。

这种态度可能是在边境开拓时期发展形成的。在边境上，实际上在杰斐逊（美国第三任总统，独立宣言重要起草人之一——译者）所梦想的美国之内，每一个家庭都要差不多做到独立；只专精一门技术很难使一个孤立的家庭继续存在下去，所以为了生存起见，必须精通，或者至少应付得了多种技术，临机应变的能力很受重视。再则无论边区人民是外来移民或本地土著，他们几乎必会遇到大量的新奇原料，这也是他们陌生不熟习的；因为美国大陆面积广大，各部分的野生植物、野生动物、矿藏情况、气候条件等大不相同。这种差别化的情形，在一世纪以前比现在还要显著得多，那时大多数较大的兽类尚未灭绝，与新移民差别极大的印第安人尚未被消灭或被圈居起来，全境尚未密布有可以输送转运各区物资的铁道、公路。且新异的原料是普遍大量存在的，所以直到最近数十年内，保藏资源的概念才见流行，虽然新异的比较丰富，但要获取它们却需要意志和努力；要把它们改造成适应当时要求的产品则需要机敏和想象力。其间并无从容进行精密试验的时间；是否能继续生存下去有赖于能否立即利用新异的原料。

经过淘汰而继续生存下去的人，足够把他们的态度传给后人，使之成为美国对于原料、对于事物所采取的主要态度。据我所知，任何其他的社会从没有抱这样的态度的。这种态度，如从反面说也许可以有最好的说明。它与农民的传统态度完全相反，在农民们看来，土地及其产物就是他们自己、他们祖先和他们子孙的一部分，因此他们的历史和命运是交织成一片的，因此，人与物之间至少有某种合成一体的性质。但这一态度体系，除了在美国南方的一部分之外，对大多数美国人是完全陌生的；人与他的原料之间并无合成一体的观念；人居于较为优越且别具一格的地位，他把意志强加于人以外的宇宙之上。

这种态度在土地一事中可以看得很明白。土地不是一种可供人爱念和救助的东西，而是供人开发利用的东西。矿岩业中所用的名词，往往被很有意义地应用到农业方面。作物是被“提取出来的”，土地是被“开采的”；在论及和探究植物世界时，就好像把它们当做矿物世界一样。人们从一片土地上提取作物，直至地力耗尽为止，此后就把这片地丢开，正与从某一矿层内提出金属，直至矿层耗尽，再把它丢开，方式完全相同。

这种处理土地的方式，自然造成了土地蚀坏和沙土洼地、人造沙漠等恶果，而使保存地力成为迫切的问题。但这种情形并没有立刻改变一般人对土地所持的态度。人们不以矿区，而改以工厂来和田地、林地作比了，为了货物的生产，必须要维持田地上的作物。土地仍被视为一种原料，并不比一堆铁或地底的一个油井更加可爱。所以从技术方面说，美国人口中虽有近半数居于农村（居于居民数量不到2500人的小城内），差不多有近四分之一的人从事农业、渔业与林业的开发，但美国却并无堪与欧洲或亚洲农民相比的农夫。人们可以以土地为生，但是文化、价值观念和娱乐方式，仍主要具有城市的性质。

此处应该提到一部分的例外，那便是以动物维生的人——牧人、牧场管理人、以陷阱或捕机捕鸟兽的人。将兽类视为没有生命的东西，同矿物一样的处理，那是不可能的；那些从事兽业的人，自己认为，也被大多数国人认为是例外的和多少带有浪漫情调的人民。他们是美国人口中人数极小的一群。

在绝大多数美国人看来，在物质世界中，包括各种没有生命的物体、各种矿属，以及可以与矿物作比的东西——土地、树木、水。在这个物质世界之中，他们居于至高无上的地位，他们可以以无穷的机智改造世界，供人们使用、享受和生利。这种利用事物的机巧，在近代获得了一个特别的名称——“诀窍”；这是一个很恰当的被认为带有美国人特色的名词。

应该注意的是，诀窍与发明并不是同样的东西。土著美国人所做的基本性发明为数之少出人意料，不过一待某次基本的发明问世以后，从铁路、汽车到雷达和盘尼西林，美国人便会对其加以改进，特别是加以普及，使之适合于工业的用途，美国在这些方面的能力是其他国家只能望其项背的。美国人对自己所抱的主要幻想之一，即以为现代基本性的发明大多数是美国人创造的，而且他们居然能使世界其他地方的许多人相信他们的这种幻想。现在似乎有一种普遍的观感，认为美国既然毫无疑问是技术发展最先进的国家，那么使这种技术发展成为可能的基本发明，一定也是由美国肇端的。这种观念，是由相当一贯的“掩蔽真相”与虚伪暗示所造成的。把重要发明起源于外国的事实悄悄地忽略过去；而对于美国人的改良、或甚至第一架美国的模型大吹大擂，竭尽庆祝之能事。林白作为第一个飞渡大西洋的人的神话，虽不属于发明的范畴之内，也算是这类曲解事实的一个典型的例证。

美国人的技术天才，其表现于发明者要比表现于改良及普及方面者少，从一个民间的发财秘诀中也颇能看出这一点：“造一架更好的捕鼠机，世界的人便会争先恐后上门抢购了。”他们向有为青年建议的，乃是踵事增华的改良，而非另辟蹊径的发明。

改良事物的方案，增加供人利用享受的事物的生产，成为生活中最重要的目标。美国人在追求这个目标时抱有热诚的精神和献身的心理，而在其他的社会中和在其他的时代内，只有在追求神明和智慧，或作战时，曾表现过同样的热诚献身的精神。任何计划或规例，如阻挠了、或被认为可能阻挠这种供应更多更好物品程序的，都将被人视为大逆不道而加以抗拒，好像宗教信徒抵抗亵渎神明的行为，好战分子反对和平主义一样。因为这种情感的存在，才使人越发拥护反托拉斯的法律，和使罗斯福新政初期的所谓宰杀乳猪事件，在当时推行的各种新奇措施中，成了引起最激烈争辩的议题；并使一般人对于生产的数字、纪录的突破以及造就更大更好的货物有着真诚的爱慕，并产生“与有荣焉”的感觉。一个人只有根据这种背景，才能了解大多数美国人对于抽象观念“自由”和“机会”的解释。“自由”一词，除了指随心所欲、做自己喜欢做的事，不妥协于权力干涉的权利以外，尤指做更多更好的事而不受政府或感情用事的好心人的干涉的权利。“机会”一词，乃是指人口中最可能多数的人参加这一类活动的机会。这种抽象名词的政治涵义的目的是为了使具创造能力的人士获利；主要说来，即是要建立可以予以创造才能最大便利的政治条件。

除了一群无足轻重的知识分子外，所有其他的人都毫无疑问地信守这种态度与信仰。一个关于已故罗斯福总统的小故事可借以说明。有一次，总统与别人商量用什么方式把美国的文学作品和宣传资料，交到俄国人的手中，以便使他们由极权主义者而改信一种民主的生活方式。大家对于美国民主政治的名著经过一番冗长讨论以后，据说罗斯福总统曾经说过："如果要向俄国人指出美国人生活方式的优越性，我只要挑一本书交到他们手里就行了。"

美国人凭借大量生产的技术已经制造出了世界上前所未见的更多更好的货物；但美国人对自己所抱的理想倒并不想做大量生产。照他们设想的理想状态，最好是独自一个人用了他的原料，使用他的勤勉、机敏和诀窍，使以前只有一叶的小麦，能生长出双叶来；或者制造出数量不断增加的更好的捕鼠机，直至受鼠患所扰的人都人手一机为止。这些理想可以说明美国人对"私人企业"一词所赋予的半宗教式的额外意义。它也使二十年代企业扩张的口号"美国的事业就是企业"，"凡对企业好的，也就是对美国好的"，有了意义和变得亲切。

这种理想的情形现在已经很少有了，并且早在50年前就已经不再是典型的现象了。但是事实上少有并没有减少理想的势力；大多数的美国人，不管他们从事何种行业，都相信美国应该是小生产企业家的国土（或者相信如果没有“政府”或“大企业”的干涉，美国就会成为这样的国土），正好比许多英国人不管一切相反的证据，仍坚持相信英国是个农业国家，并相信大多数人居于乡间一样。

以早已消失的过去来描摹现在的图像，以及一般人希望这种图像在将来能够成真的事实，乃是了解美国人在许多国外国内政治行为上的基本线索。美国人绝不怀疑，这种生产的生活，这种制造更多更好事物以供更多数人使用的生活，是良好的生活；他们以单纯的传教式的热诚，希望那些运气不如他们优越的愚昧的人也能分享这种生活。美国人的许多行为，在外国人看来，会认为是美国开发资本，用意不良地乘机扩充势力，而且事实上也许确有这样的结果，但是这种行为的用心往往纯粹出于善意，不过是想使别国的人民得以从限制妨碍他们生产的法律及传统中解放出来，和比较容易地把美国人的诀窍传授给他们。美国人自视为一个由企业家组成的国家，而不是由大企业家组成的国家；企业是富于创造性的和建设性的，大企业则具限制与剥削的性质。

我有一位友人，他在某一时期内曾在司法部的反托拉斯司中颇为活跃，并且多次参与了法院对于大公司的控告，他曾经告诉我，凡被传讯的公司的律师们，往往不问案情如何，而将大部分时间花在努力设法使陪审团相信他们的公司代表小企业上，而联邦律师则努力证明被传讯公司代表大企业。案子的详细情形往往非常复杂，非寻常陪审团所能理解；但他们具有一个一致的偏见，那便是支持小企业而反对大企业；实际的判决即看被告被视为属于哪一类而定。

此外还应注意的是，在上面所述的理想的图景中，企业者、即生产者是独自和原料在一起的，而处理原料的唯一标准便是是否实用——处理是否适当的唯一标准则是结果。在这一图景中，其他的人是以非常模糊的方式出现的，例如当人们争先恐后赶到生产者的大门前，酬劳他的机智和勤勉。在理想的黄金时代，生产者的地位是平等而独立的，除了乐买和乐卖的关系外，就无须、也没有设想到再有其他关系了。但是这种单纯的状态，即使说曾经有过，也早已经成了过去的陈迹；于是这里就有了一个大问题：在物质世界中，其他人应占有怎样的地位？

对于处于下位的工人而言，这个问题的答案一般包括两个互相矛盾的部分：一是把自己的工人看做东西的趋势；一是讨厌任何权势地位的、感情上的平等思想。这从工人与雇主互以叫名相称和互相登门来往可以看出。这两个成分的存在，与美国有同样长的历史；至于两个成分中哪一个比较受重视，那就要看其所处的时期、工人是谁和企业规模的大小而定了。

工人越显而易见地是外国人，越显而易见地不是白种美国人，则把他们视为东西的趋势也越强大。在美国历史差不多一半的时期内，国内大部分地方都通行以奴隶作为财产，而对于直至1924年止的大规模移民的一般待遇，与一般处理事物、原料的态度绝相类似。在移民来源枯竭而成为涓涓细流，大多数的工人都是美国本土人、物力的储存成为必要以前，法律上授予工人的权利是非常之少的；除了子女的义务教育外，实际上没有社会安全的立法；技工与粗工组织工会的尝试曾遭受最大暴力的镇压，并得到社会其他部分人士的默许。至于近代的发展，把工人视作机器的一部分，在前面已经讲过了。工人作为一样东西而言，也同任何其他原料一样，可以有效地利用，为了实现这个目标，美国发展了许多科学的和实用的技术。“工业效率专家”曾经发展出机巧的技术，防止工人肌肉精力的浪费，其方式可与工业工程师的防止热力浪费的技术媲美；而更为新近的工业心理学的发展，已能使工人们的情绪生活为促进更大的生产所用。

与此并行不悖，而且在某些地域和某些时期更为普通的态度，即把居于下位的工人视为完全平等的人和完全的人类，即使不明白说出，至少含义是说，他们只是因为缺乏机会，现在还不能达到独立生产者的地位，但不久后他们就可如愿。在可以自由取得土地和小企业主盛行的较早时代，这种假设往往是准确的。在这种情形之下，农家雇佣的帮手，往往被视为家庭的一份子，而小制造商对于他所雇佣的人员都是熟悉相知的，他们生了病，他去照顾看望他们。他们出了乱子，他去帮助他们，他和他们彼此往来访问。许多美国企业家回想起这种理想的纯真的劳资关系来，都有不胜向往依恋之感；许多大公司的正式集会和郊外野餐，也就是想保存古风，画虎类犬的仿制。这也是老福特竭尽全力、想在他的庞大工厂中实现的图景。这一图景迄今尚未完全失去其魅力和吸引力。因此，战时凯撒（工业家）给工人的待遇，例如组织提供优良的医药服务，便被人认为符合良好古老的美国传统。不过，也许必须特别说明，这种传统不是慈父式的，而是近乎长兄式的，好似长兄对弱弟加以援手一样。

至少直至1929年，明显没有进步的是生产者仍没有把居于下位的工人视为一个阶级，认为他们在社会结构之内具有一定的地位、权利和义务。如从客观方面而言，工人固然可以如此看待，但就主观方面而言，多数的雇主或多数的雇员都不抱这种观感，直至近代，工会仍为数不多，会员的人数也仍旧不多，而所有存在的工会大多数为技工工人的组织；最初，组织工会的尝试的确曾常常受到暴力的镇压，不过，西欧的工会在初期的历史也并非甜蜜和光明。即使到了今天，多数产业工人已组成工会，工业规模扩大，旧式的长兄照顾弱弟的图景已成为不可能真正发生的构想，但工人中认为自己属于一个社会、政治阶级的，为数仍属寥寥。在高度工业化的国家中，只有美国一国仍没有一个由工会人员组织和代表工会的政党。美国现有的政治制度，使这一类的第三党很难取得完全的政权，至少在短期内难以实现。不过，在制度本身中，并没有阻止个别候选人当选的地方。但即使工会中最激烈的一派，如工业组织大会政治委员会，对第三党的成立也只有微弱和散漫的要求。想在美国的国土内根据欧洲的阶级观念而组织政党已经可笑地失败了。弱小的社会党，其受工人的拥护程度几乎还比不上受大学教授的支持力度。值得重视的是，各种美国本土的激进派运动，例如世界产业工人组织（1905 年在芝加哥组织成立，于第一次大战中解散——原注）、人民党（该党 1891 年组织成立，主张扩充通货、管制铁道和限制土地所有等——原注）以及农工党（以联合农工促进共同利益为宗旨——译者），其信徒都以乡村人口和流动人口为主，其目标在于恢复美国旧有的梦想和取消被认为附生的赘疣——由华尔街所代表的银行家的权力、对于小农和小制造业的征用等等。若干早期的运动曾经认真地想用炸药来轰平这种赘疣，但在这种暴力的背后，总差不多是一幅想重回没有阶级之分的社会的图景，而不是企图改善现有社会内工人的地位。这两者的差别是很深刻的，美国的“自由主义者”与欧洲的“激进派”之间的不同也在于此。美国的“自由主义者”力求保存过去的精粹，同时非政治性的保守分子则需要与时俱进；反之，欧洲的保守分子要求保存过去，而“激进派”人士则希望加速未来的变化。因此之故，“平民”一词一被提起，差不多就可以唤起所有美国人的同情之心，而提出工人的名义，响应就比较微弱了。

美国劳资间关系的标准形式，可以视作是从一种双方共同恐惧的观念中凸显出来的。他们深恐一个人对于另一个同等地位的人明目张胆地加以支配。在本身便包括以权力支配他人的情景中，为避免权力的外部表现，曾有两种解决的办法：强调工作关系以外人类之间的基本平等性；或者另外一条路，否认居于下位的人有完全的人类地位，把他们看成一件物品，在这种情形之下，唯一的规则就是如何把他们有效地利用。美国人在国外与外国人来往时，两种态度都有表现，而且往往交相迭起。

同辈的生产者、竞争者等是很难被当作物品处理的。所以在资源和权力方面，彼此之间不管有多大的差别，在理论与权利方面必须把他们当做人类看待，进而也就是把他们当做平等的人看待。

在地位平等的人之间，正常的关系应该是一种竞争的关系——合于理想的竞争，不过，不管怎样总是竞争。按照美国人的设想，在这种竞争之中，别人如占便宜，必然你就要吃亏，而并不像其他社会那样，把竞争设想成为人人可以获得胜利的情形，或者甚至设想为在竞争的情形中，高级的位置数量无限，所以别人的成功非但不是一种挑战，反而是一种刺激。在你所接受的竞争中，如果别人的成绩卓越，那就是你的耻辱。在普遍的竞争中，一个人可以在一定限度之内，选定谁是他的竞争者，因而使竞争的激烈程度降低。假定他在估计本身的财力时确能实事求是，那么这种竞争，诚如主张的人所称，可以刺激人们付出更多的勤勉和智慧，但如果他不自量力，轻率地向比他占优势的人挑战（或者不幸卷入比他占优势的人的计划之中），那他就不值得、而且也不会得到别人的怜悯。民间谚语“决不给少不更事的人一个公正的机会”，即代表和证明了这种行为的合理性。少不更事的人，就是过于轻信，不认识他自己和他所挑战的人之间差别的人。他置身于竞争的局面之中的选择被视为出于自愿、甚至是蓄意的，因此，如果他在竞争中失败或毁灭，除了怪自己外，不能咎怪任何人。根据美国人的看法，攻击一个比自己弱的人，在道德上是不正当的；但如果弱者先动手，或被激怒而先动手，那么强者就可心安理得地全力反击。在美国人的幻想中，弱者对于强者是否挑战，常有选择的余地，他们凭着这种幻想，才把公道的理想与不平等的事实这两点调和起来。

这种情形，也许可以帮助说明美国企业界比较显著的哑谜之一。对于个人来说，成功是一件非常要紧的事，他为了获得、维持和扩大成功，往往工作到死，或者神经错乱而发疯，但是失败，尤其是突然的和戏剧性的失败——倾家荡产——却不会发生同类程度的祸难。一场完全的挫折，不一定、而且往往一般并不破坏全部的自信心理。在1929至1932年的经济大萧条时期内，有过许多骇人听闻的自杀事件；但戏剧性的是，却有更多的同样倾家荡产的人再度赤手空拳重新建立起他们的财富，利用他们已死的自我作为踏上新事业的阶石。逐渐迟缓的衰落，在一般心理层面而言，比全盘失败的打击还要严重。因为逐渐迟缓的衰落，表示持续增加的无能，而祸难则是一种与自我无关的"厄运"；它差不多被视为如同保险单上所称的"不可抗力"。一个人的成功完全得益于自己；而他的失败则归因于别人的作为。

近于势均力敌的人（或被认为势均力敌的人）之间的竞争，由国家以法律加以管制；实际上政府的主要职责，在许多人看来也是唯一基本的职责，即为这种对竞争的管制。从任何观点来看，这种管制并不被认为是道德的命令，并不被纳入本性之内；它们毋宁被视为应该敬而待之的限制和阻碍。遇到一个机敏的人，也许可以为自己的利益加以利用，有时还可借以出人头地。如在许可的范围以内与运动相比，则近似角抵过于拳赛。还有一个更适合的类比，那就是扑克，在这种牌局中，每一个人各自为战，使用他的全部机智，使所有其他人相形见绌，成功即归于把技巧、欺吓、运气和本钱结合运用得最好的人。扑克之所以成为美国企业界最喜欢的牌戏（美国工人似乎比较偏爱运气占主要、技巧占次要的玩意，如掷骰子等），以及由扑克中引申出许多典型行为的比喻，实在是不足为奇。美国企业家在处理企业之时，其情绪方面的兴高采烈，也与他们进行闯关游戏时相像。在许多企业活动中，都带有一种运动竞赛的成分。

扑克中的虚声恫吓，是局中其他玩牌的人应该预料和应该准备的欺诈形式，从这一比喻上，可以得到了解商业上典型道德的一个重要线索。女性化良心的严命和禁戒，在所有其他活动领域内都占支配的地位，唯独在企业中不发生什么作用。任何人如能违犯规则，尤其是违犯政府的规则，而“安然无事”，不被发觉或惩罚，则不单不被谴责，反而成为受人敬慕的对象。甚至就是受这种违法之害的牺牲者，对这种狡猾的行为也不至抱深刻的或久远的憎恨之心。是否成功这一实用的标准常常是最后的辩护。

因为成功是如此的重要，因此，多数守法的人常有受智巧的或不择手段的少数人的推迫，一步步采取不正当手段的趋势。一个人如果为了自心所安而拒绝采取流行的趋向，最终导致失败，则这种失败是很少受人同情、更不会有人支持的。有道德的人尽可利用的一切努力，加强规则，使之变得更为紧密；但一个因为别人比他更为灵巧而哭哭啼啼的人，大家都会认为他全无是处。企业的竞争，是受暂时性的规则，而非受永久性的道德原则管制的。

虽然商业竞争一般与扑克牌局中的人各自为战相似，但也会出现合伙或者联合的形式。一是两个或两个以上的竞争者专门为此而暂时把他们的资产并在一起，把另一个对手逐出行业以外。他们自己之间的竞争则暂时停顿，直至把那个不速之客驱除为止。等到敌人已被驱除，再重新恢复他们之间暂时平息的竞争。还有一种合伙的方式，就是由各人把他们不同的、互为补充的才能结合起来，以谋相互的利益，例如一个人贡献专利特许品，一个人贡献资本。合伙从来没有被人设想为像网球或桥牌局中那种暂时性的合作。合伙应该是有作用的合作。

美国生产界及企业界的一般规则，是由近于相等地位的个人之间互相竞争，这样的图景存在于幻想中的过去的情形，而不是现在局面的真实景象。到了现代，每一种主要的工业莫不受少数大公司的控制。但此处又是理想的幻象，而不是经客观观察而得到的现实，有着更强大的、影响现有行为的力量。这种认为近乎相等地位者间的自由竞争将产生更多、更廉价、更好的货色的想法，可供半垄断性质的大企业的宣传人员不顾是非大肆信口雌黄，以便他们在追求利润时抵制外来的干涉；但他们的听众确也有很多，包括大多数的立法人员，真心诚意地相信他们所说的一套。美国已经在一个极短的时期内，拥有了无与伦比的实力、财富和生产力；在获得这种实力、财富和生产力的同时，美国进行了几乎完全没有管制的竞争，因此就有人据此立论并相信：几乎无管制的竞争，乃是再度增加实力、财富和生产力的必要条件。

在事物的世界内，也就是美国男性占优势的世界内，其间唯一重要的人类关系，即为劳资之间的关系和竞争者与对手间的关系。此外还有第三种，即生产者与消费者之间的关系，这种关系远不如前两种关系结构分明，但在可以概念化的范围以内，公众往往是列入东西与原料一类，而不属于人类一类的。请继续与开矿类比，购买力是从公众方面抽提出来的，正好像银子是从地底矿苗中抽提出来的一样。为了有效地达到目的，企业家利用越来越精密的市场研究技术，把消费的公众加以检验分析。一旦把可能的收益确定，则用任何谄谀、媚惑或欺骗公众的方法都属正当合法。广告，尤以无线电广播最为显著，表现出广告商和他们的雇主一贯且深刻地藐视公众。广告文件及商业播音的歪曲镜鉴使公众不由得自嫌幼稚孩子气，受私欲、贪婪、恐惧的驱使，没有判断或智慧的求新心理。就生产者而言，消费者始终不是与他对等或近于对等的人；愚弄公众，凌侮消费者，是无需引以为耻的行为，甚至还是一个可以夸口的题材。巴纳姆（美国著名兽苑经理人——译者）对于愚弄公众曾经夸口说：“不更事的愚人可以车载斗量。”而巴纳姆也许将要成为民间的英雄了。

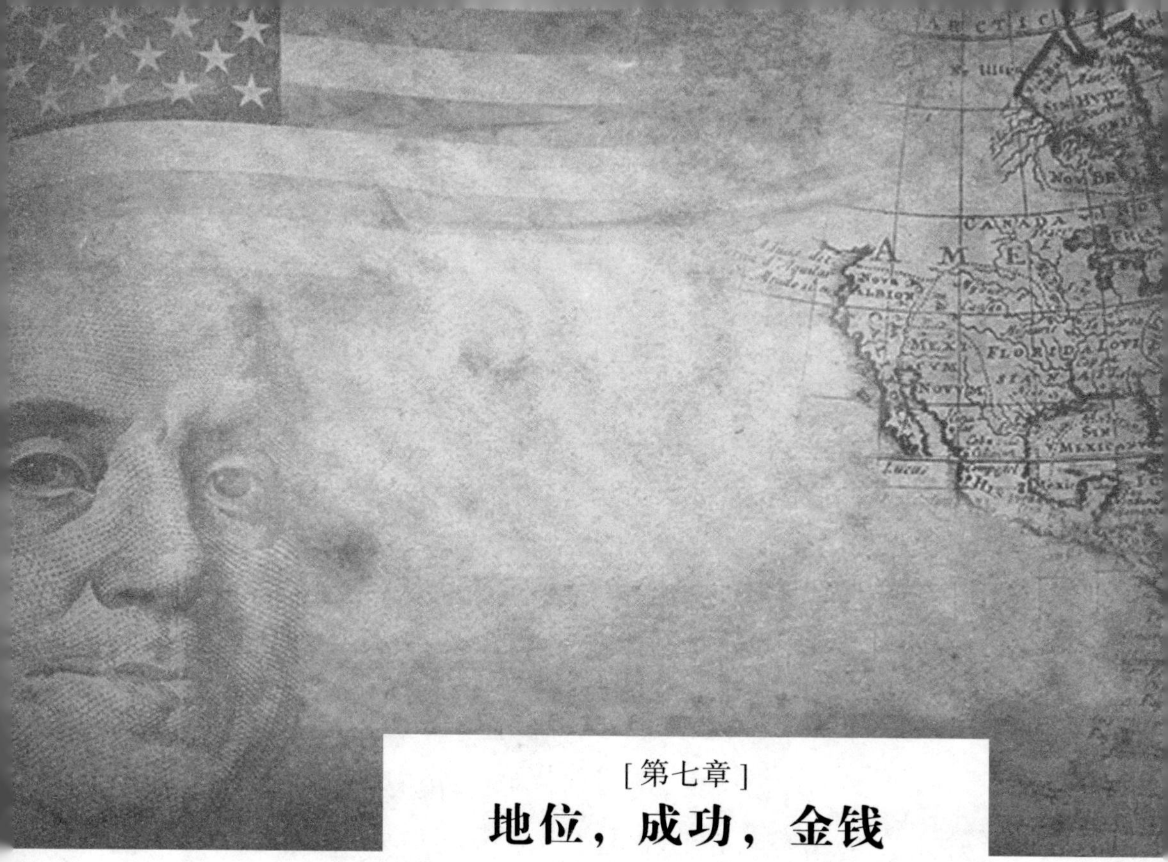

[第七章]

地位，成功，金钱

美国复杂的社会内本身包括数量庞大、各自不同的行业，加以没有公认的、等级秩序的社会价值，这就很可能成为一个很大的问题。举例来说，与欧洲相比，在美国，各不同行业彼此之间的声望并没有大的差别。有许多的行业，尤其与这些行业在欧洲受人尊崇的情形比较起来，在社会上的声望反而比较低微，例如政治家、公务员、职业军人、男教师(教师在本质上多少是属于女性的行业)，……但怎样使其他条件相等呢？随着大多数工作与工作者在感情上的联系越来越缺乏，只有一个最低的共同指标可用以比较不同、甚至大不相同的行业之间的成功，即它们所具有的社会价值；而在一个结构不大分明的商业社会之中，则只能有一种衡量的方式：金钱。

每一个思维正常的美国人的生命目的就是成功，“做得好”，实际上，这几乎是证明生命存在价值的唯一标准。所谓做得好，其最好和最具体的方式，便是制造出好的东西，而且能源源不绝地制造；成功的企业家、制造商和工程师之所以具有很高的声望并受人敬爱，原因也在于此。但是东西并不是人人都能造出来的，而做得好却是每一个人都应该做到的。在没有东西作为成果之时，怎么能确定一个人是否确实成功呢？

美国复杂的社会内本身包括数量庞大、各自不同的行业，加以没有公认的、等级秩然的社会价值，这就很可能成为一个很大的问题。举例来说，与欧洲相比，在美国，各不同行业彼此之间的声望并没有大的差别。有许多的行业，尤其与这些行业之在欧洲受人尊崇的情形比较起来，在社会上的声望反而比较低微，例如政治家、公务员、职业军人、男教师（教师在本质上多少是属于女性的行业），……但怎样使其他条件相等呢？随着大多数工作与工作者在感情上的联系越来越缺乏，只有一个最低的共同指标可用以比较不同、甚至大不相同的行业之间的成功，即它们所具有的社会价值；而在一个结构不大分明的商业社会之中，则只能有一种衡量的方式：金钱。

儿童由分数和等级而表示出同辈之间的比较地位，就这一方面而言，金钱可以说是成人的分数和等级。一个成人的收入，表示出他和他同辈人之间的比较等级；一个人如有比较好的收入，正好比小学生成绩报告单上的各项功课全都得到甲等，同样可以适当地骄傲自负。它是个人曾经全力以赴、获得成功的最直观的外在表现。

应注意的是，收入的判断不是根据绝对的，而是根据相对的标准。等级高下是指各年级段相对而言的，在一年级各项功课均获得甲等，与在十二年级全部获得甲等，同样值得赞赏；不过并不能说一年级功课的难度与十二年级功课的难度完全相等；同样道理，年轻的医生和打字员，其收入多寡不应与小洛克菲勒（石油大王）或杜克（烟商）或任何美国今日收入最多的人做比较，而应该和同时开业的医生或同时进公司任职的打字员做比较。竞争主要仍为地位近乎相等者之间的竞争。

与学校生活相似的类比还可推广。正好像在学校中一样，学童成功通过一年的功课考核，他就有资格进入下一学年，参加难度更高的竞争，如此一级级地读上去。同样，成年人在一个领域内的成功，使他有资格参加另一“收入级”或其他职业群中的竞争。成功总是相对的，从来不是绝对的。在美国人的生活中，实际上没有这样一种被一般人公认的最高位置——到了这种位置，一个人就算已经达到最后的成功，无须继续努力。每一个等级之上一定还有一个更高的等级。

在儿童及青少年时期，如在校内获得良好的成绩，即可获得家长、尤其是母亲的抚爱和赞美作为奖酬；结果良好的成绩很快就成为获得人爱之望的象征。金钱在成人生活中似乎也具有类似的功能，它能表示出一个人是值得爱、而且应该被人爱的。正好像大多数美国人永不满足地寻求在个人方面的友谊与爱意的表现一样，他们中许多人似乎永不满足地追求金钱，因为金钱也等于是可以兑现他人抚爱的期票。在许多成功卓著的名人传记之中，经常可以看到一个主题，即严峻的教养或困苦的幼年生活使他们从很早开始就追求成功。

成人生活中彼此之间的等级名次，有一个重要的修正条件是不容易在学校中见到的，即在估量现在的成就时，过去的情形是一个重要的考虑因素。如果两个人的收入与地位相等，则其中在发迹之时凭借父母提供的财富、教育和机会较少的人，通常可以获得更多的尊敬。

对美国人来说，至少对其中三分之二并非“衣食住行都感不足”的人来说，金钱的这种“品定等级”的功用至少和金钱所可能具有的任何用途有同样的重要性。自然在取得基本生活必需品（关于什么叫基本生活必需品的解释，是有各色各样的）时，金钱所代表的购买力是重要的，但一旦必需品取得以后，金钱的社会价值就至少可以和它的购买力等量齐观。

金钱的这种双重的象征价值使得欧洲人眼中的美国人对于金钱的态度变得莫明其妙。简单地说，美国人谈到钱的时候远比欧洲人多，同时却不如欧洲人那般珍视金钱。收入与价格具有评定人物与货物彼此间名次等第的社会重要性；当你遇到一个陌生人，除非你知道了他收入的等级，他也知道了你的，否则你们之间的关系总是不圆满和不完全的；而评估一件新货品的价值，和决定它与其他商品区别的最简便的方法，就是知道它的成本。因此，钱和价格在美国人的著作和谈话中占有重大和一贯的地位；一个人的收入等级或一件商品的成本，是一则必要而有用的社会新闻；把这种素材通告一个大概茫无所知的陌生人，是一种表示亲热的行为。

不过，如果因为美国人口里常常讲钱，由此事实便引申说，美国人对于钱本身的所有权也有同样程度的重视，那就大错特错了。真正的情形也许相反。比起大多数欧洲人来说，美国人对于钱的所有权，尤其对于存钱一层，是看得极低的。你的收入决定了你与同辈人间的相对地位，但一旦地位决定，钱就已完成了它的主要任务，在感情上已无再加以积存的理由了。储蓄一事，除了目标在于再行投资用以增加你未来的收入外，是不受人赞美的；一个谨慎的人，为了无法预测的疾病或不幸，自将先有准备，但为储蓄而储蓄，在今日已不再被认为是一种值得赞美的行为，这和从前的态度已有了显著的改变。这与认为储蓄具有、或曾经有过一种自然价值的民族的态度，如苏格兰人或法国人，是大不相同的。

一个收入超过必要支出的美国人，在财务上应该担负些什么义务几乎是被规定好的：他必须投保足够的寿险，若遇到他突然逝世，可以保证他的妻室儿女不至有饥寒之苦；他应该用保险或者储蓄的方法尽可能地供给儿女以良好的教育，最好能胜过他自己所受的教育；他不应该让他的父母或他的配偶遭受到贫穷的痛苦；他可以购买一种以备退休后使用的年金。除此外便没有什么别的了。一个美国人，无论他有多少家产，无人会向他要求或希望他把大部分的家产传给儿女；只要他已经尽其所能地把种种便利给了儿女，把他们扶养长成，他对他们就算已经尽了完全的责任。实际上，在一些方面看来，由祖先手上得来的遗产还被视为一种障碍，因为一个人在发迹时如凭借了遗产，那么他也必须相应有更大的成就，才能被人们认为做得足够好，才能算成功。除了在纽约及其附近的旅游胜地外，美国人的生活中并无让游手好闲、凭借遗产而不事生业的青年立足的地方。在战争以前，少数人会移住欧洲，因为那里依然存在居于城市的有闲阶级；但这只是例外的情形，照常来说，无论过去或现在，即使是百万富翁或亿万富翁的儿子，也要就业（最好是与他父亲无关的事业，以避免偏私或占便宜之嫌），自己赚钱，在生活的竞争中证明自身的价值。

作为一般的规则而言，我们可以说美国人对于挣钱这件事是极为重视的，但对于钱的积存便比较次要。一个人所赚进的每一块额外的钱，都可以证明他的价值，因此，在买卖中，一个人价格讲得越精明，他就越受人的尊敬，因而也就越受人爱慕。但钱一旦到手，它就失去了许多感情上的价值；一个人可以把它花掉、送掉或甚至丢在水里，而心理上并不产生多大关切或怜惜。只有用在另外的其他事务之上时，钱才再变得重要，因为那时钱又成为评判一个人精明、机敏和成功的标准了。

这种态度差不多是促成美国人赌博的一个重要因素。美国人赌博与欧洲人赌博的不同，倒不在于普及的程度（在大多数欧洲国家内，小赌徒所占的比例也许反而较美国多些），而在于赌博性质的强度。也许就因为美国人比较不重视钱的积存，便使得差不多所有不同收入水准的美国人都赌起钱来，而且比起大多数欧洲人更为孤注一掷。美国人对于胆小的赌徒素有一个恶词——“小派儿”，这个词在任何西欧文字中都找不出对等的词来。在作为消遣的赌博中，大多数美国人勇于冒险的程度远超过大多数的欧洲人。用钱作为赌注来决定自己“是否走运”，与作别样的用途同样正当。

在许多商业冒险中,赌博也是一个受尊重和重要的部分。一个人经济地位的显著改进通常都归因于勤勉、技能、赌博三者的幸运结合，不过，一个赌博成功的人总是喜欢把他的打赌称为“先见”。美国的商人也像“求消遣”的赌博者一样，比起与他们对等的欧洲商人来，更准备接受更大程度的风险。

除了赌博以外，世上很少有人像美国人那样对于自己的钱的用途不怎么关切，当然是在用途中不包含交易业务时；世上也没有其他民族，比美国人还要满不在乎地花钱的。

美国人的慷慨与好客是很有名的。没有其他国家像美国那样，国内多数的公民可以几乎不管成本便轻易决定作免费的施舍。1940年夏季，英国计划把受威胁区域内大量的英国儿童疏散到美国去时，美国各地各种收入水准的家庭纷起响应，数量之多，令人惊讶；他们从来不曾看见过这些受威胁的儿童，除了知道儿童在受威胁外，并无其他的见闻，然而他们见义勇为，愿意接受扶养这些儿童的责任，并且照当时的局势，似乎有将毕生投身于此似的趋势。又如1923年东京因大地震而一部分归于灰烬，其后的重建大部分全靠几百万美国人的捐款，而捐款的美国人中，绝大多数和日本人从来没有过一面之缘。这些便是显著的例证。如要举引起来，这样的例子还多得是。美国人为了任何被认为有价值的目标都愿意以极大的慷慨精神踊跃捐款，而且不仅是把他们储蓄有余的部分捐出来；在许多的例证中，这类的捐赠通常是以个人蒙受重大牺牲为代价的。

这种伟大的和心甘情愿的慷慨会受到一种恐惧心理的限制，即深恐被他人利用，“被当成憨大”。要求别人慈悲周济的人，也许并非力有未逮，而实在是自己不中用，只是希望利用别人辛苦得来的血汗钱过怠惰的生活，却拒绝像别人一样付出努力和经受苦难。

这种疑心，特别是在男子之间，是很普遍的，在女子之间则似乎没有这样显著。我实在看不出来这种恐惧心普及的理由；不过我愿意作假设性的解释：它也许和前面讨论过的、深入美国人脑海的深恐落入被动、深恐受人利用的心理有关，所不同者在前面的讨论中，是深恐身体方面受人利用，而在此地则深恐在金钱上受人利用。在我所熟识的美国朋友中间，凡在财务方面最容易发生这种疑心的人，也明显表现出具有这种不自觉的恐惧心理；而在这一类方面（如称美国在性的方面正在被人利用等）所常用的例子，也实如上述的解释。

在没有引起这种怀疑心时，美国人是肯任意花钱而不后悔的，美国人的好客厚谊是不由自主而且相当自负的。在家人通常就在厨房，或就在厨房外面一角吃饭的家庭之内——也就是绝大多数的家庭之内——陌生人会受到热烈的欢迎，主人不会炫耀，也不会对自家的物质条件感到羞耻。在有专门餐室的阶层内，比较容易看到虚饰以及为争取较优的社会地位而作的安排；等达到和表明某种经济地位以后，美国人也许将采用其他可以表现出个人成功程度的方法：例如世系、信仰，以及本人或祖先住在本城本州本国的年数来作为为成功而奋斗的基点。

金钱收入的主要情绪价值在于它是证明一个人成功的符号：为体现出一个人的收入，在理论上说一张保付的支票就足够了，但实际上，却必须靠众目昭彰的支出才能表明一个人已有良好成就的事实。因此，一个人有什么东西都变得具有双重的重要性，一是东西本身的实用性或美观程度，另一是它明确表示出其主人或购买者在生活竞争中所占比较地位。一部新汽车之所以讨喜和令人艳羡，并不仅仅因为它是“更好”的（“新”与“更好”的为同一的意义，很少美国人对此有疑问），而且也因为它是一种内在与精神之美形之于外的、可以看见的记号；凡能够保有或取得一辆新汽车的人，不啻向世界宣告他已获得了良好的成就——而良好成就是兼具道德上和物质上的双重重要性的。

一句流行的、几乎格言式的谚语最明显地显示和归纳出了竞争性支出的模式：不要落在琼斯一辈人的后头。这句谚语的一个重要含义，就是说竞争是可以加以限制的。琼斯只是一个普通的名字，没有加以地域、社会地位、场所、种族的解释（移民局的官员常常替姓名拼不出来的新来移民，加上盎格鲁—撒克逊式的姓名；所以如果认为美国人中名叫琼斯的就是威尔士人的后裔，就略嫌轻率了）；他们是人人必须跟着作为榜样的人，在一个假定的例证中，只有通过调查才能表明他们是些什么人。

一般而言，我们可以说在较小的即居民数量在五万以上的小城，以及在郊区中，“琼斯”通常指个人的邻里，在较大的城市中，则指从事同样职业和占有同样地位的人。每一个家庭都有它的“琼斯”，每一家庭本身又是别的家庭的“琼斯”。正好像自己的儿女儿童时期的玩伴的家长会成为不得不遵守仿行的标准一样，同样在比较明显的支出范围之内，琼斯的影响不仅限于一个人将花费多少，而且也将决定花钱做些什么。

在不同收入和社会期望的人士间几乎都存在这种情形。在生活条件最差的阶层中，选择的机会显然是存在诸多限制的；而在巨富或祖上是巨富的人中间，支出的形态则主要依据癖好的形式。在这两个极端之间，任何一地内任何收入阶层的正常支出，都是有非常严密和精确的规定的。

在任何城市内，任何一条街上的任何一所房子，其价钱和社会价值（两者可能不是完全相符的）是大多数居民都非常清楚的，而这种资料也是很容易被传达给任何陌生人的。结果，这一带邻里以及个人所居的这所房子就成为表明他收入的一种直观的明白的符号；而在大多数的例证中和正常的环境下，一个人的住宅选在什么地方，其受收入所指示的成分远过于受趣味的指示。除了巨富或祖上是巨富的人（以及一部分例外的不落窠臼的知识分子和艺术家）之外，一个人住在什么地方，是很重要的：住处是表示个人当时经济和社会地位的一个符号，而不在于住处本身所包含的舒适，或与之有关的一切，至少这不是首先考虑的条件。多数的美国人，至少在快到退休年龄以前，莫不认为他们现在所住的房子或公寓只是暂时寄居的性质，并随时准备移往较大较好的住宅，也就是与他们希望中的未来的成功相配的住宅。大多数城市美国人都是过客性质，在目前的房荒之前，一个人在一所房子内连住五年以上是很少见的事。这种流动性，说明了美国人对于“家”一事所予的特有的重要性；所谓“家”，乃是兼指一个人愿意在那里居住的地方，以及他现在所住的地方；这个字常用以指一个邻里关系较好的住处。一个人可以把一个街区称为包括许多“可爱之家”的地方，虽然他从来不曾住过这种被赞美的家。

其他许多竞争性支出，一大部分是受住处所支配的。如果寓中有一间放两部车的汽车间，很少美国人敢不作慎重的说明和辩护而仅备一部车。正常美国家庭（与公寓的情形相反）的一切差不多都是公开供外界考查的；房子和公路之间没有围篱、墙壁或门户加以隔离；在白天，即使外面并无强光，房子里的窗帘也总是半下的，但到晚上窗帘总是挂起一半，所以灯光最明亮的房间内大部分家具装设的详细情形站在路上历历可见。附带说一下，窗帘的这种适当的安排，几乎带有一种偶像崇拜的重要性，过去曾有过这样的纪录，有些因过度喜欢阳光而把窗帘高高卷起的人，曾被人要求退租，因为他们把窗帘卷起，使整个邻里都为之减色。即使在公寓，也有类似的情形；有一个曾经辗转传述的故事，住在十三号B房间的客人，跑到二号B房间去，告诉住在那里的女客，说她房间里的陈设摆错了。

不只是家具以及家庭用品的费用，就连它们的式样也是受琼斯们支配的。按照普遍一致的见解来说，装饰业是专属于女性的行业，而美国妇女对于优美的趣味是抱着极认真的态度的；她们出席倾听关于这个题目的演讲，阅读杂志上有关的文章（有许多妇女杂志销量都在几百万份以上）；在较为富裕的阶层中，一个妇女的趣味几乎可以作为其丈夫收入能力的一种补充，同样成为表明他们在社会上比较成功的一种标志。这种标准，不消说受到了制造商和广告商的帮助和加强。这将带来两重的结果：一是几乎所有美国家庭，不论收入水准，总体来说都在房屋家具布置方面有着非常之高的标准，另一是在同一收入水准的家庭之内，家庭的布置同样有非常显著的一致性。在美国，很少能够见到像在欧洲许多家庭那样室内挤塞、全不讲究趣味格调的情形；但在美国，如要遇到一个内部装饰具有与众不同的特色个性，可以使人回味不忘的家庭，几乎也是同样的绝无仅有。一所房子的装饰意义在于“表达妇女的品格”；但是这种个人的表现常常是受到限制的，仅限于比较小的变动，如颜色的配置，较小饰具的选择；至于重大的变动，或者拒绝公认的标准，则成了对琼斯们的侮辱，或者向对手的挑战，在后一种情形之下，革新的人本身就成为琼斯，而他的对手一旦力所能及，反而会尝试跟进甚至迎头赶上了。

在其地位由自己努力创造而出人头地的阶层间，最摩登的东西也就是最合意的东西。虽然一个妇女可以由收集小件古董来表达她的品格；但在社会或经济的最高阶层的人士中，这种价值却刚好倒转过来。凡是愈不摩登、愈不节省劳力的家具和家庭用品，愈受人的尊重。因为有训练的家庭佣仆人数既寡，工资又高（除了南部黑人外），所以一个人若无须倚赖节省劳力的用具的事实也就成为了表扬其收入和成功的最动人的方法之一。而且遇到收入近乎相等甚或是较高之人时还可援引祖先世系作为评定高下的标准；凡家里的家具可以推归于祖父母或祖姑母的人，比起逊先辈一筹或先辈在美国生活的世代较短的，享有永久的受人尊敬的权利。在这一方面值得注意的是，一般人认为关于家世的兴趣，也像对装饰或花草的兴趣一样，主要是属于女性的，不值得一个正常的男子去过问，对男子应该只就他的成就而加以评断。

装饰如此，衣着及个人的装扮也一样。从一位太太所穿的皮大衣就可以看出其丈夫的地位。美国大量生产的方法应用在衣服方面就像应用在较永久性的商品方面一样成功；所有妇女，除了社会等级的最高和最低层外，凡不能衣着随时尚者，都会被认为在降低周围邻里的身份地位。衣服制造的店铺、所用的材料以及无数更为微妙的款式，便足以使得别的女人看得出衣服的主人属于哪一等支出水准的人；但时行的样式是许多收入水准的阶层都能仿效的，只有最穷苦的和最富裕的人才可以安然无碍地置之不理。

一个人的面孔和身段应该尽可能和琼斯相近。在这些方面，个人的差别自然无法难免，但应该尽可能减至最低限度。节食、运动、按摩、腰带和其他“紧身衣”、假乳等，可以改变身段的不够美观的线条；电烫卷发（或对于黑人来说，把头发烫直）可以改变发型的差别；化妆品、手油、指甲油造成皮肤的相似，止臭剂和香粉，促成气味的一致。此处所必要的商品，也是差不多每一收入水准的人都能买得起的。所有这些必需的成分和用品，都是可以在五分一角的商店内买到的（而且依照消费者联盟杂志，往往还是最好的货色）；看看《纽约客》或像《时尚哈勃展览》一类豪华杂志的广告栏，就可以知道为购买同样的商品和用具可以付出多少巨款。有某一牌子的香水，其所提出的为什么每人都应该购买的唯一理由，就是“它是世界上最昂贵的香水”。

这种身体方面趋于一致的要求，直至最近15年止，都更多地专注在女子而非男子身上，但今天男子对于美容一事却有日益注重之象。西装肩架上填料，以及皮鞋底里垫高，可以修正自然的若干差别。而男性化妆品（被小心命名为“卫生用品”）现在则是一种庞大而继续扩张中的产业。

甚至儿童，也可加以改造使之近于适当的模型。女孩子4岁便第一次电烫头发是常见之事，甚至偶尔也可以看见更小的便染了指甲的孩子。后面一种装扮，也许是装作成人的性质居多而并非认真的打扮，但其他各种美容方法，都是一本正经地进行的。

因为美国社会结构的相对一致，因为成功的解释不根据绝对的、而是相对的条件，所以一个人所有的或所负责的一切东西，都具有表明其地位的重要性。又因为关于价值、健康或美丽，都很少有绝对的标准，因之最可能引起邻里和对手艳羡和赞许（这也就是生活的目标）的方法，即是尽可能照他们所接受的标准，依葫芦画瓢，越近似越好，而且还要青出于蓝，设法变得更大一点，更好一点。

[第八章]

种族，权威，美国精神

美国独特的地方就是组成其公民的各成员，都直接，或经过他们的祖先，确曾作过这种个人的选择；而且绝大多数的人在作选择之时，不仅抛弃了原有恶劣的物质与社会条件，并且也放弃了使她们生活变得可爱和有意义的一切。……为补偿和摧毁这种犹疑不定的心理，对于积极的证言，必须尽可能地大声疾呼；在任何特殊方面，都不能承认他们所放弃的可以与他们已经接受的相媲美甚或还要优出；对美国生活中的一切，不单是它明显的优点，而且是所有一切，都应大声疾呼宣布比所舍弃的高明。

美国人有一个与其他世界不同的信仰，他们相信民族国家的成立是出于意志的一种行为，而非机会或命运的结果。前面引述过巴顿将军的命令，他把他部下们的祖先“如何的珍爱自由，为了追求自由，不惜舍家离国，远涉重洋”，与敌人的祖先“缺乏作此种牺牲的勇气，和继续过着奴隶的生活”互作比较，以令人赞赏的简单明了的姿态提出了这一点。巴顿将军的见解，也许就是他听众中绝大多数人和他同国籍的人的见解，认为德国人、意大利人之所以为德国人、意大利人而不是美国人，乃是表示他们（或他们祖先）的意志薄弱或顽固不化；他们由于选择不做美国人而自动放弃了凡人所知的最好的条件以及其一切附带的利益；他们已经个别地表示出他们藐视和拒绝自由、机会与民主，以及所有包含在美国宪法本身之中和美国生活方式中示范的公民品德；他们由于缺乏奋斗精神，自甘居于下流，因此也应该相应地视他们为卑下的人。

这种见解现在仍受一般人的信守。虽然最近 25 年来，美国已经通过种种法律，把移民入境的洪潮缩减成为涓涓的细流，凡本人与移民一事无切身关涉的美国人，很少有人了解这种移民入境的限额是如何的严峻；因为国内说话带外国口音者、看外国报章杂志的人数仍极为众多，尤其是在大城市中，于是造成了可以自己选择这个国家的错觉。著名的或声名狼藉的作家、科学家、电影明星等等，一旦取得美国国籍，即成为一再登载的新闻资料。

此外，每年春季全国举行的“我是美国人日”的盛会使这种图像更为逼真。会中所发表的演说，通常都经过广播来说明美国精神的重要性，并欢迎新近加入的公民。不过“我是一个美国人”的誓言的意义并不仅限于那些第一次获得作此誓言权利的人。理论上每一个有作此誓言权利的人，都应该热烈而充满感激地重复提出。绝大多数的学校儿童是亲自立下这种誓言的；学校的重要公民课程已经把应该深镌于个人心灵脑海中的各种概念，那种自负的心态以及如何向国旗敬礼等日常节日的含义，传授给了儿童，这种宣誓典礼日就是传授公民概念的登峰造极的表现。

这种立誓与庆祝，因为强调个人的意志和个人选择，所以与若干其他民族的立誓、庆祝说在本质上有所不同。与此最近似的庆典也许就是日本人所庆祝的神武天皇节，日本人对于成为他们社会一分子的而享受到的利益，虽然也像美国人一样的能言善辩，但是他们认为一个人之所以属于某一个社会是神的旨意。直至战败以前，在日本人看来，别人属于比他们卑劣的社会是别人的不幸命运，而不是出于他们自己的过失。而在美国人看来，这种不幸就是自己的过失。

这种态度产生发展的历史理由很容易理解。美国独特的地方就在于它的公民（除了黑人这一著名的例外外）都直接，或经过他们的祖先，确曾作过这种个人的选择；而且绝大多数的人在作选择之时，不仅抛弃了原有的恶劣的物质与社会条件，并且也放弃了使她们生活变得可爱和有意义的一切。美国从来没有特别热烈欢迎过不会说英文或说英文不好，没有头衔、名声或极宝贵技术的外国人；外来移民很少能完全不怀疑自己的选择是否划算，也很少人会不油然生出思乡之感，想起他们的家人和抛弃了的较为熟悉的生活方式。有数量可观的移民回去了，但留而不走的一定仍抱有怀疑和思乡的念头。若有任何公开的不满或批评，别人就会以粗暴之词反唇相讥："如果你不喜欢这里，你为什么不回到你来的地方？"而且往往自己说话还夹着外国口音的人，骂起人来更为恶毒；这是因为这种不满的发言激化了他们潜在心头的怀疑和不舒服，而且有使移民的生活、他们一切的努力和牺牲失去意义的趋势。为补偿和摧毁这种犹疑不定的心理，对于积极的证言必须尽可能地大声疾呼；在任何特殊方面，都不能承认他们所放弃的可以与他们已经接受的相媲美甚或还要优出；对美国生活中的一切，不单是它明显的优点，而是所有一切，都应大声疾呼并宣布它们比自己所舍弃的要高明。

参照50年或100年前美国的报纸，就很容易发现这种情形。以后随着第一代移民人数的减少，这种尖声喊叫的现象大部分归于缄默，但并未完全灭迹。而且应重视的是，在外国人最集中的区域，喧声也最哗；纽约与芝加哥有着数量庞大的外国人口的事实便可借以说明《芝加哥论坛报》与《纽约日报》的具有孤立色彩的极端爱国思想与广大的销路。

这种尖声喊叫虽然大部分已归缄默，但认为美国生活的各方面无一不较欧洲生活为优越的公开议论，一般是很容易被土生土长的美国人接受的，他们中绝大多数人过去并无机会，也并不希望把真正的情形作实事求是的比较。而且，所有住在或甚至仅仅访问过美国城市的人都可以看出来，那些最近由欧洲移民来的人的生活，在所有明白可见的方面，比起大多数他们的东道主的生活来，实在要相形见绌。

在整个移民的历史上，曾经有过一个始终如一且可以了解的趋势，即新来的移民尽可能地贴近以前同国籍的国人而定居。他们身处异地，只有从以前国籍相同的人那里才有可能获得帮助、指导和谋生方面的协助。在一个陌生的外国人的世界中，他们只有在那里能够吃到惯常吃的食物，听到惯常听的歌声，获得若干情感上的温暖。等到个人自求进步的努力得到成功时，他们就倾向于离开这些外国人聚居的区域，尽可能小心谨慎地和多数人杂居在一起；等到他们的子女变成地道的美国人以后，其中的大多数人则会慷慨激昂地反对一切足以使人联想起他们父母不完全美国化的事物。

贫苦移民居于最恶劣的贫民窟中，他们的贫穷迫使他们生活于极不卫生和极端拥塞的状态之下，这原是极为自然的。一般说来，就纳税人和选民的身份而言，他们是无重要地位的，这意思就是说他们仅能享受最恶劣和最少的市政公共服务。大多数美国城市的意籍人区、波兰人区，希腊、犹太、立陶宛、塞尔维亚、乌克兰和爱尔兰人区，都是城市中的污点，除了偶然的“观光”之外，任何参观的人，即使他们所住的地方比此仅仅略胜一筹，也不由不心里充满憎恶与嫌忌之感。土生土长的美国人的后代就是依据这种可怕的贫民窟的情形而形成他们对于欧洲的印象；而刚从这种环境中逃脱出来的人对那里所抱的憎恶与嫌忌之感也许比任何人都更厉害。此处也许可以注意一点，原籍为英国或苏格兰的移民，他们在语言上并无困难，无须倚赖他们同国人的援助，加之他们同属新教徒，无须另外找一个他们必须用自己的语言文字叙述的宗教忏悔者或精神指导，所以他们往往立即几乎无法辨认地散布在美国社会之中；另一方面，原籍为德国或北欧的移民带来了他们整洁的习惯、公民的秩序和一个较高的物质便利的标准，这使他们与由南欧、东欧和亚洲而来的移民迥然有别。

这种移民群的存在——在许多例证中，他们是百分之百的地道的美国人的亲属——是所谓“美国精神”的定义中一个主要的决定因素。他们显然不是美国人，但他们或者至少他们的子女正在变成美国人；因此，美国精神的定义，大体上是根据这种贫民窟中的外国居民，以及他们子女可能的成就，即一个成功的美国人的面目，两者之间表现于外的、可以看得见的差别来说明的。

贫民窟，也就是实在的背景，具有极大的情绪上的重要性。它们在实际上，以及在女教师的教授和信条中，都是使感官不快和危及健康的。因此，合适的水管、合用的卫生设备、洁白的浴室、光亮洁净的厨房、各式各样节省劳力的用具，不单本身是可喜的，而且也是更为完全的美国精神的表现，也是接受本国标准的表示，而这个国家，是人人或由他们自己，或由他们祖先所决定加入的。这种关于卫生及舒适生活的附带品具有非常大的、象征的以及爱国主义的价值，以至于使居于外国的美国人颇有拿这种设备条件之多寡有无来衡量外国社会值得尊敬程度的趋向。一个国家具有这种设备越多，也就越可敬慕，因为它越趋近美国的理想。这个标准也是使第一次世界大战中开赴欧洲的大部分美国人发生不安纷扰心理的原因，因为根据这个标准，至少有一个敌国德国比任何盟国都要来得“美国化”；而若干盟国的水管装置比他们所经历过的最恶劣的贫民窟情形还不如。

这种设备工具的分布在美国虽然远较在任何欧洲国家广范，但除了新来的移民区以及黑人贫民窟外，仍有相当大的地域并无经常的热水供应、完善的水管装置或其他的家庭用具；但因为所谓美国精神不单指目前的现状，也尤其是指可能变成的状态，所以一个年轻的美国士兵，哪怕他自己年轻时也许是住在仅有冷水、没有电梯的房子里，或者住在需要由井里取水的木房子里，或水管装置限于房间外面的屋子，然而在他来到一个英国的市郊或法国的村落时，仍可能完全出乎真诚地脱口而出——“没有一个美国人肯住在这种房子里的！”不管他所处的真实情形如何，但他的期望中是存在一个真正的美国背景的。

外表和衣着是美国精神的另一个最重要标准。语言文字应该作为一个标准那是自明之理；鉴于人们认为食物具有半魔术性的重要作用，则膳食具有做 证明的价值也是不足诧异的。各“老国家”的、香料过多和太油腻的食品，用作换换口味是无妨的，但作为日常的食物则是有害健康的，而且等于未能接受美国人生活中现代化和科学化的原则。但是其中最为重要的标准，无疑当推外表为最。一个人美国化的完全程度，应与他或她同年龄同收入者的外表一致程度成正比。在群体之中，一个人如果一望之下存在标新立异之处，这种不同的地方也就表示了他或她不够美国化的程度；凡因肤色或体格构造而无法与群体混成一片的人，也就永远不能被认为是完全道地的美国人，这种外表一致的重要性，不单因为它是对琼斯们亦步亦趋的一种方法，而且也是真正美国精神的一个基本成分。我们略加夸张就可以说，如今，一个从不曾染指甲的女人就不能像她妆容适宜的姊妹们一样，以同样程度的信心和热诚宣布“我是一个美国人”。

思想意识在美国精神中只是一个次要的部分，因为一个人在想什么比一个人做点什么和一个人的外表如何的重要性要小得多，而且也难于判断得多。拒绝权威这一点，虽有其思想意识的成分，但因为已成为根深蒂固的基本信仰，已难于把它列为思想；除此之外，只要同意那种称美国宪法和政府形式（也像水管装置或汽车一样）为世界上最好的说法就够了，褊狭、种族歧视、恐怖主义，都是与美国精神不冲突的；这类行为被大多数美国人所极端厌恶，并且遭到激烈的反对，是因为这类行为的出现侵害了他们正义与平等的理想；但是三K党、白山茶花武士团，以及盛行于美国境内许多反黑人、反犹太、反天主教组织的团员并不自觉有悖于美国精神，而且除了在狭义的道德意义外，其他的美国人也没有如此的感受。实际上，这类组织的辩护和宪章中几乎毫无例外都是竭力保护美国精神的，以防止受阴谋和外国人势力的腐蚀内容为主，这一点是发人深省的。

完全美国精神的造诣，主要是用眼睛，其次才是用耳朵来评断的。要能理解美国国内少数民族的地位，只有记牢美国精神的标准，是外表、衣着、食物、家庭用具、思想意识和语言文字，并且各标准的重要性依次递减，另外只有完全地道的美国人才能算是完全地道的人类；我们应该记得，美国精神是一种意志的行为，未能完成完全美国化的，与其说是生不逢时，不如说是个人的过失。

美国的黑人问题是美国精神这一概念的决定性试验。根据在国内家庭居住的年数、语言文字、思想意识等任何标准，美国的黑人比起国内大多数所谓“国人”更有资格自称合于完全的美国精神；虽然黑人在国内所受到的法律上及公民权利上的限制在各个地域之间互有出入，但作为一个团体而论，只有最不顾现实的平等主义者才敢说他们已受到平等的待遇。在南部以外，有少数黑人曾经获得赫然声望和受人尊敬的高位，但绝大多数的黑人从来没有得到过完全人类的地位。一些黑白混血儿，他们的黑人地位不过纯粹具社会学上的性质，每年设法“过渡”到白人社会之中，因为他们在外表上与其他美国人一般无二，所以能够享受全部的同等权利；但是其余在外表上与其他美国人仍有差别的人，则不管他们祖先世系中包括多少白人血统（没有夹杂白人血统的黑人在美国是少见的），所受的教育如何完备，或者如何热烈地信守民主的原则，都是被有系统地一概摒除于美国生活的主流之外的。虽然在少数“自由主义者”、知识分子及爵士音乐的信徒之间存在用意甚好出于真诚的社交合作，但一般的判断却简捷了当地认为黑人面目不同，自然应属殊类。

黑人的性格因下面的事实而变得乖僻歪曲：在他们所生

活的世界中，虽然权力是反复无常的，但却始终带有敌视的性质，良好的黑人父母为了教育他们的子女能在这样的世界中安然生存，必须持续地、但显然是喜怒无常地趋于过激；在美国黑人的教育中，体罚大规模地存在；而在白人子弟的教育中，体罚则鲜少出现。但即使在这种制度之下，如果拥有一个始终一贯且完备的思想系统，那么至少在理论上，乖僻的性格仍将有发展变化的可能。但即使是在南方最极端的区域，向黑人讲述的也尽是些美国白人的平等思想。他们的日常生活似乎因此而充满了不平，并且永远对不允许他们发表意见这一事实感到愤慨万状。这种受压制的愤恨心理即使并非完全出于自觉，也具有显而易见的产生破坏的可能性；而黑人的愤恨又使大多数美国白人所感到的恐惧（虽然这种恐惧平常只会在南方达到某种非常的程度）有了一种合理的解释。而促成黑人的愤恨的不公待遇也得以永久维持。战争期间，从白人与黑人战斗部队及商船队合并活动的少数经验中可看出，至少在青年之间，差不多只要管束的权力对黑人不带敌视的性质，这种仇恨的心理就可以立刻得以控制；不过，就我见闻所及，在包括两性的团体中并没有过这类的试验，而性的方面，白人男子与黑人女子发生关系，但又害怕完成手续，则在黑人白人的关系中相当普遍。虽然最近的最高法院的判决多少减少了对南部黑人在法律上的限制，但距离使大多数白人不以黑人为其近邻、或者与黑人住同一旅馆为耻辱，为恐惧，从而无须用法律、或具有法律力量的习惯来把黑人拒诸千里之外的日子还远得很呢。如果美国的社会维持现在的形式经过一个足够长的时期，那些把黑人标明为非美国人的表面特点也许会归于泯灭；但除非这一遥远的事实实现，否则白种人关于地道的美国精神和完全人类的标准将继续歪曲占美国人口十分之一的黑色公民的人格。根据所有现有的科学标准，黑人发展的可能性与他们同辈的白色公民并无不同；但除了极少的例外之外，他们的音乐是他们对美国文化所作的唯一贡献。一个被压迫团体的愤恨嘲弄的歌曲经过改编以后，却成了整个社会快乐和消遣的图景。

其他有色人群（西部与西南部的墨西哥人为一部分的例外）的地位处于完全被排斥的黑人与完全被接纳的白人两者中间。若他们和美国人有外表看得出的不同，在这个范围之内，他们是不得完全参加社会活动的（祖先为日本人或华人的美国人所可能从事的职业是有限制的）；但另一方面，他们在外表上的差别不如黑人那样的显著，又因为他们的数量比较少，所以对于他们的主要限制仅限于租赁或购买房屋和土地方面。邻里既然是指明社会地位的非常重要的索引，所以如果允许不完全的美国人住进与完全的美国人所住的相同的房屋或公寓，就将使后者的地位大为降低。在若干区域中，有专为非白种人而设立的学校，而其他学校是不收他们的。

而得克萨斯州的墨西哥人的情形则在若干方面上来说是

特殊的，其他邻接各州在相当范围内也有类似的情形。得克萨斯州人对于其他美国人那种反专制的平等思想并不抱任何深切的情感，所以他们对于让一个外国的受征服的人群处于屈从的地位，正像在非洲与亚洲殖民地的欧洲人一样，并无内疚之感。而且墨西哥人自有一种他们的文明、宗教和语言，而不像黑人那样，多少仅是白人的歪曲走样的翻版。得克萨斯州的墨西哥人也受到南方黑人所受的许多限制，他们大部分人都房屋简陋、衣食不足和收入微薄；但他们是一个被压迫的团体，自有一种发生意义和提供安身立命之所的生活方法和价值制度，而不是生活经验与价值概念发生内心冲突的受压迫的个人。

因为美国人拒绝承认他们拥有一个帝国，所以那些被委婉曲折地称为“附属地”或“所有地”的居民，在他们住在美国之时，则处于一种特殊地位。他们是不被允许变成公民的，虽则就推论的法律方面而言，他们已经具有公民的若干性质了；可以明显辨认的菲律宾人处于最卑贱的地位。他们的人数与墨西哥人相比较少，分布较广，而他们的难题则和黑人比较相近，因为他们大多数人过去也是受到平等理论的灌输的，可是这种理论在他们的实际生活中却难得实行。

父母为日本人的美国人，在许多方面，面临的现实最为残酷。在19世纪下半叶和20世纪初——直至法律将他们拒诸门外为止，移往美国、尤其是西海岸的日本人和中国人的用意和希望与由欧洲来的移民是完全相同的。一部分是因为他们出生的国家和他们新加入效忠的国家之间比起欧洲人来显然有更大的差别，因之他们也比大多数欧洲人，更加彻底地着手把自己的子女教养成为美国人，而且绝大多数获得了完全的成功。根据美国精神的标准，除了身体容貌以外，都难以辨别这种第二代的日本人与美国人，他们的衣着、食物、房屋的设备（尽一切可能的情形）、思想以及语言文字都已完全美国化。但他们的容貌使他们万劫不复；他们差不多在任何竞争中都屈于下风；他们在混杂雇佣的行业中的就业机会总是受到限制；仅仅因为他们外表上不像美国人，他们就不得享受充分美国人、因而也就不得享受充分人类的地位。珍珠港事变后几个月内的情形对这一点有戏剧性的说明，那时日本人世系的公民的所有公民权利都被剥夺，被驱至集中营（重行分配营）中，甚至连公民自由的职业辩护人也仅做了最低限度的抗议。然而大战中对于德国或意大利人的子孙并没有采取同样的行动；就是因为他们与美国人在外表上并无差别，因此，他们也被视为充分的美国人和充分的人类。

犹太人的地位更为复杂。美国的犹太人，多数是由东欧——波兰、立陶宛和俄国等移来的，其中的许多人具有一种可资辨认的体格形式。不过，这种体格形式与标准的美国人外貌间的差别并不大过南部意大利人或希腊人子女间所常见的特色，而且单是这一点，也一定不会引起任何厚此薄彼的歧视、反对或拒绝将充分的美国人地位给予犹太人的后裔。但是犹太人携与俱来的还有与美国标准不同的社会习惯，而且因为这些习惯获有神学上的支持，所以在新社会中，它们比起其他移民群所挟以俱来的“旧世界”的习惯更能坚强地维持下去。按照其与美国人价值观念的关系，其中最为重要的也许当推关于办备和拼合食物的特殊规则，而且其中有许多正好与美国人的理论和实践相反。坚持这种膳食形式，不啻就是故意挑战美国精神，作蓄意的反对。查看《纽约时报》星期日版和纽约其他报纸上旅馆及休假营所登的广告，其提出的应遵守的“饮食的法则”数量相当之多，则可见这种对与美国不同的习惯的歧视仍在流行。犹太人还在其他许多方面反对美国人的惯例；他们维持按日历举行的，在其内部奉行的禁食与宴节，他们把星期六与星期日的工作休息秩序颠倒过来，同时他们在企业和商业生活中的极端重视亲属的关系。犹太人禁止异教通婚的习惯，在天主教的惯例中也可找到相类的现象，但美国天主教徒其欧洲背景的范围远较美国犹太人为广，因此，在犹太人当中占据优先地位的自由婚姻也显然限制较大。严格的饮食法则使宗教心虔诚的犹太人不得接纳他们非同教的邻里和同辈的款待；有许多人禁止他们的儿女与校内的同学共食，并坚持维持他们之间的差别。总而言之，在这个最大规模的移民与美国化的时代中，犹太人与其他同辈移民所不同的地方，就现在所能收得到的记录而言，与其说是由于不同宗教的美国人有一致排斥他们的用意，不如说是犹太人自己反对美国人行为的表现。

犹太移民的这种选择式的对美国标准的接受，是了解在美犹太人现在地位的必要背景。犹太人根据其自身所接受的宗教理论的支持，提出了超过任何其他移民群所提的要求；他们要求享有美国全部公民的权益，而不愿放弃那些“旧世界”的习惯和风俗；而在其他移民群中，放弃这种习惯风俗乃是被授予完全美国人地位的必要条件。

这种对于特权的要求不是对方出于心甘情愿而承认的，或者也可说始终不曾全盘实现。他们得到了完全的法律上的平等，但没有得到社会的平等；犹太人既然拒绝放弃那些不合美国人的习俗（所有其他的移民群，不管如何痛心，都放弃了种种不合美国人的习俗），所以他们没有得到完全美国人的待遇。犹太人的深闭固拒引起了相对的排挤，这在美国人实施排挤的最通常的模式中首先表现于房屋的租赁和购买，以及保持邻里不沾“外国风尚”等方面。犹太人有标明“饮食法则”的假期营地、旅馆，而对方则有“限制外人”的休假营地、旅馆和邻里分庭抗礼。

在这种并未充分参加美国生活的情形之下，许多犹太人在构成美国人生活的种种竞争中，无论在学校里，在已有的自由职业中，在政府中，在企业中，或在最近50年中所发展的新工业内，都获有显著的成功。既然一般说来成功就等于获得抚爱，那么犹太人所受的权威当局，无论女教师、政府或某种抽象的命运的宠爱似乎过于他们非犹太教的本国人，因此后者对于这种显而易见的不公平有痛心疾首之势。

许多第一代移民的子女，以及差不多全部第一代移民的孙辈，都愿意放弃大部分的关于取得特殊地位的要求，并且大部分人完全放弃了表现这种要求的非美国人的习惯。但第一代移民原来要求的特殊地位，现在却硬加到他们身上来了；第一代移民通过要求特殊的权利和特许，强调他们的与众不同；他们的孙辈虽放弃了这种要求，但差别化的待遇转而却硬施到他们的头上来；以前拒绝完全参加的情绪，现在恰好倒转了过来。

纳粹的种族宣传，直接或者间接通过宣传的报道，迅速地传播着使用“雅利安种”与“非雅利安种”这两个名词的行为拥有相当科学的理由。在犹太人与他们非犹太族的同国公民之间有经科学证实的某种差别存在，这种宣传更使此种情形变本加厉。美国人习惯于接受任何标明为“科学的”理论而不加以怀疑，也懒得请教假其名而提出这类理论的科学家。国社党恶毒的关于种族理论的无稽之谈虽由有适当资格的科学家加以精密而充分的驳斥，但是对于听信这种无稽之谈的群众来说却是无须再加论证的。多数美国人都接受希特勒的这种两分法，虽则其中多数人在感情上对这种“科学信仰”的重视并不大过于对平常购买的早餐食品和家庭用具所大吹大擂的“科学”价值的重视。

不过过去（和现在）还有一批听众接受了纳粹整套的反犹太宣传，而且他们人数之众，足以令人惊心。这个听众群似乎是由下列两大类人组成的：一类是个别的近乎神经病的分子，亟乎为他们任何夸大的计划取得社会的器重；另一类是移民第二或第三代的子孙，他们必须藉大声反对凡可以认为不合美国标准的一切，来掩盖他们内心的踌躇和怀疑。在非犹太人未受充分同化的邻里区域内，曾发生过数量甚多的反犹太暴行。

目前，这种暴行的发生仅为地方性和偶发性的；但它们可能成为美国人的平等思想以及由此而引申出来的民主政治的最大威胁。犹太人所受的限制与歧视，比起黑人和亚洲人要少得多，但一般人最近对待他们的态度与对待黑人及亚洲人（南方除外）极为相似，所不同的则是不像后者那样附有一种自觉罪过的观感。不管个人的行为如何，美国的大多数地方对于“白种优越性”的说法并没有很大理论上的支持；所以歧视一事在思想上是不合理的。不过，现在却有一种企图证明“非犹太人”优越性的趋势，虽然现在持有这种倾向的仅限于那些被恰当地称为“濒临疯狂的边缘”的人物。如果再来一次经济恐慌，个人因为并非自己的过失而陷于失业之时，这种积蓄的恶意则会成为制造黩罪羔羊的现成理由；而美国民主政治建立于平等的实际有过于持之甚坚的思想，如果遇到这种的情形，民主政治本身的就将受到威胁了。

这种因发展而起的难免的恐惧使许多美国的犹太人的行为产生了意外的变化，即强化了犹太人的“离群独处”。他们对于那些逃过纳粹屠杀而幸获生存的犹太人的命运，在情感上深感关切，并希望帮助这些可怜人抵达较为安全的庇身之所。最合逻辑的办法，自然是修改美国的移民法以便大量地移民，但鉴于他们本身地位的不确定性，很少人敢于提出这种意见，至于正式的要求那就更不用说了。按说在20世纪初叶，美国曾每年吸收100万移民，而人口分布仍属稀少。因此，犹太人为安慰他们自己的良心，同时不至于直接威胁他们自己的地位起见，曾经充分利用每一种政治手段把美国政府拖进去，参与在巴勒斯坦创造一个犹太人国家的事务；因为他们的票数大部分集中于在政治上占有重要战略地位的区域，所以得以利用一党来对付另一党，从而取得较好的承诺。他们利用这种策略，破坏了以前所说的犹太人与非犹太人仅有宗教上差别的说法；他们迫使一般人接受犹太人为另一民族的宣传，无论他们加入哪一国家，他们也同那些企图利用本国政府来帮助原来出身国家的归化美国人一样，被人颇有理由地指责为兼具双重的效忠心理。

美国的犹太人与其他没有充分美国化的社群比起来，有一个显著的不同，即对美国的文化曾有巨大的贡献。在科学——特别在社会科学和医药方面，在艺术和一般娱乐方面都占有重要的地位；此外，他们对于美国特殊的、讽刺的、嘲弄的和超逸的幽默也负主要的责任。他们对于电影及广播事业的统治虽然被渲染过当（大多数的电影公司其实是由非犹太人的银行所有和支配的），但他们对于这些群众宣传工具的内容却的确拥有极大的影响，而他们对美国人所给予世界的、其他部分的印象也负有大部分的责任。

美国人对由欧洲来的移民则持另外一种态度。除非他们移入时还是孩子，否则他们就没有希望或被人期望变成完全地道的美国人；但他们的子女几乎毫无问题地可以变成完全的美国人，因此他们自己的不完全美国化，被认为仅属过渡的性质。这种移民中，有许多人是挟带了欧洲的政治观念而来的；美国社会党所获票数的多少和社会内第一代移民所占比例的大小差不多刚好相称。当同一民族构成的第一代美国人集中在一个选举区域之时，例如在密歇根的波兰人，芝加哥的德国人，麻省及康涅狄格州的意大利人，他们对于他们所选出的众议员及参议员涉及他们原籍国家的范围之内的外交政策，拥有重要的压力和影响。供这些第一代移民阅读的、用外国文字刊发的报纸巧为设辞立论，证明采取有利于使用该种文字的国家的政策也最符合美国的利益。随着移民来源的告竭，这些归化团体的重要性也持续减少；在过去，他们成了造就孤立主义的一个因素，因为避免动作、不做不错似乎是保持选票最安全妥当的方法。即使到了今日，他们的影响仍超过他们人数的比例；美国现在对于德国、波兰等国家的态度，如果我们能先浏览一下两年以前用有关的外国文字刊行的报纸，当更易了解。

这种数量上不占优势的美国人之所以能影响美国的外交政策，那是因为美国的政策毫无例外地是由有组织的少数精英决定的，虽然在大多的例证中，这种小组织往往是为谋求共同利益而团结起来的“无形的”少数人结合。这种政治上的少数分子普遍被称为“院外团”或“压力团”。政客既然属于受人鄙视的职业，而政府本又被人视为多少有点外国的气味，所以差不多绝无任何制造舆论的实力可以起而抵抗一个下决心、有组织的少数团体的压力。这些少数团体会不顾社会的利益而要求订立有利于他们的法律。最著名的例证便为“白银集团”，他们为了谋取一小群矿工（或者矿业股票持有人）的利益而为整个社会加上了一笔永久税，并且改变了亚洲和中美的整个政治和经济发展格局；又如“农业集团”，他们的荒诞的“对等法”大大提高了不单美国的、还包括世界许多地方的粮食价格。如果说违反公众利益的国内立法可以不受有力的公众的斥责、不单通过而且列为法令，那么在与一般选民不怎么密切相关的外交政策同样会受到不重要的团体支配改变，那也是不足为奇的了。

一般来说，欧洲人移居到美国两代以后就可变成美国人。但有一个特例，即数量众多的、不知在美国居住了多少代的爱尔兰人，他们依然设法维持、甚至变本加厉地发展他们的民族性。这种情况似乎是由两种原因结合而成的：操英语的爱尔兰人在变成美国人时无须放弃他们的语言，因此不像其他非英语移民那样，在世代之间有中断的情形，此其一；他们信奉天主教，所以不至于像英格兰人和苏格兰人那般归于散失。许多其他天主教移民的神父是操外国语言的；结果这使得爱尔兰人集居于信奉天主教的爱尔兰人区域，并且大体上不与外人通婚。爱尔兰人虽在地理上并不偏居一地，但他们的语言差不多被认为是一种美国的方言。在美国革命以前，爱尔兰人便已是人口中的一个重要部分，自从杰克逊时代以来，他们在地方及城市政治、甚至国家政治上，都占有主要的且往往是优势的地位。虽然绝大多数的爱尔兰移民都来自乡间，但到了美国以后，大多数人都在大城市中定居。大部分人除了他们的语音和宗教以外，依旧维持、甚至增加了传统的爱尔兰人对于英国的仇视。

根据以上这些理由以及其它一些别的理由，被认为没有具备完全地道的美国精神的人大约占据全部人口的六分之一到五分之一。其余约一亿多人，就是“百分之百”的美国人（这是一个重要的通用的名词）。在理论上，这一亿人是完全平等的，至少有完全同等的发展可能，至于他们的收入和所受尊敬的差别，则起于各人在生活竞争中成就的高下。也许除了少数大学教授以外，这种神话并没有被完全地相信，但在社会解释显而易见的货物与服役的分配不公平的情形时，这种神话不失为解释中的一个重要因素。一个人若得以步入统治阶层，一般被人相信是由于个人的努力和创造性，再加上运气的色彩；有些人曾遭遇过“好运气”，曾“占了便宜”，因而虽未努力便取得了别人千辛万苦而未能达到的地位；但是这种境遇既然被认为源于运气，则人人、包括你和我都是可以遇到的，因此最受优惠的人，通常并不被认为在性质上和美国人的一般行为有什么不同。

这种关于美国人基本平等的信仰，在民意调查中有最戏剧化的表现。这种调查会挑选美国社会横剖面的各种代表人物，请他们自行指定属于哪一个社会阶级；每一次调查中都有约五分之四的人自称属于中产阶级。这种自我介绍从客观说来差不多是毫无意义的，但从主观说却足以发人深省。它表明客观的阶层体系相对并不重要，大多数美国人在自命为属于何种阶层之时，并不根据全国性的阶层体系，而是不出所料地根据切身的竞争圈来做标准的。既然大体的收入多寡决定了社会地位，那么在这个范围之内，大多数的美国人都自觉他们虽然比上不足，比下却还有余；自认为身处在阶层体系中最末一级的，每 12 个人中还不到 1 人。即使在全国性的尺度上，人们也仍维持这一观念。因此，如今美国人对于那些无钱无货的人都不称为贫苦，却是以他们特有的委婉用词，称之为“被剥夺权利的分子”，至少社会工作人员及政客是常用这个名词的。缺钱也许会使人无从享受别人所有的若干种种利益和便利，但这种痛苦被认为完全是因为缺钱所致；如果以后凭运气或艰苦工作而有了钱，那么他就有权享受这些利益和他所挑选购买的各种便利。美国军队中，应征士兵之所以仇恨军官，其理由之一便是军官们单凭了官阶的关系就得以享受士兵所不能问津的逸乐和设备便利。这种剥夺平等享受机会的行为是百分之百的美国人在美国实际生活中从未经验过的；平日里，一个人可以因为缺钱或缺乏教育而不能享受现有最好的一切，但一般并不认为他因此就失去享受的资格。

美国人口中八分之七的人，根据共同生活、互相通婚和彼此往来的标准，可以客观地分成为上中下三个社会阶层，但他们对于这个关于基本平等的信仰，除了受因勤勉程度与技能不同所造成收入多寡有异而产生的少许不同外，都深信不疑。最上层的 10% ~ 12% 的人士（如按同样的标准，他们又可被分成三级）中存在着极大的差别，他们在竞争社会优越地位时，除收入总数外，更采用其他的标准以资补充，这种竞争是娴熟而严峻的。这种竞争主要由妇女，尤其由已婚妇女参与；她们颁布标准和做决定，男子在这种竞争中的地位是由他们的母亲和妻子决定的。

这种竞争也像构成美国生活的其他竞争一样，根据同样的假定，即认为别人的成功会威胁到你的相对地位；因此，地位比较固定的人排除新登场的人，成为管制此类竞争的基本原则。“独占排他”是划分社会优越地位和团体的有力短语；虽然这个短语在广告中被滥用，差不多与“高贵奢侈”一词同义，但在非商业的用途上，它仍为指示社会竞争境界的符号。

社会竞争的领域受一个事实的限制，即在一般美国人的实践中，对于凡出钱可以买到的任何东西，要求人人都有同等的享受机会。在纽约及其附属的游憩胜地，有极少数“不招待外客”的饭店，凡不认识的顾客，无论如何富有，都在恕不招待之列；但在其他各地并没有这种的情形。

已婚妇女俱乐部和联合会是进行社会地位斗争的主要场所。在许多地方，“园艺俱乐部”和“青年社”属于比较重要的半公众团体，加入这种组织成为会员，便能表明个人的社会地位，所以新来的外客或新宾都竭力设法取得会籍，会员对申请者必须先进行最为详细的调查，之后才不得已勉强予以准许；此外，还有些为某种具体目标而定期集会的相对不大显著的俱乐部和团体——打桥牌或研究音乐，缝纫或讨论别人写作的论文，聚餐或花艺，或任何宜于有闲而有教养的妇女的其他活动。无论位于何处，这种俱乐部与团体的会员籍都恰好地决定了她们在妇女最上层的 2% ~ 3% 中的相应的社会地位；为了取得会籍，她们不惜进行大量的孜孜不倦的诡谋巧计，如果这种诡谋巧计竟遭闭门之羹，就会令人产生痛心疾首之感。

评断申请人的标准是因地而异的。在南方和新英格兰，家世占最重要的地位；如果家世能上推（而且世系越多越好）到 18 世纪或 19 世纪在美国拥有财富和重要地位的祖先，则所有其他的考虑就差不多可以存而不论。这种高贵的祖先势必以出生于英国的人或英国人的后裔为主。在这种社会谱系中，既然世系是两面兼算的（在欧洲并无同样的现象），所以一个人可能拥有 1 至 16 位的、合于希望的玄曾祖父母，单是在祖先的计算这一点上，就可能有极精微的等级。在新英格兰，教派以及男性亲属所进的学校也具有指示参考的性质。在南方，家世也可作为反面的参证：如果一个人祖先中有人没有参加南方各邦联盟（至少自 1865 年以后），这则可以抵消掉其他祖先世系方面的许多优点。在国内其他地方，主要的标准为所出身的家庭，曾经占有的（即使现在已经式微）权势和富裕地位。不管用什么标准，在每一个社区中总有一小群妇女，她们的支配地位是受一般人所承认的，而且她们代表着执行评判制和准许或拒绝申请人参加的高级法院。

鉴于社会成功的竞争消耗了较为富裕的、有名望的美国妇女大量的时间和精力，这似乎很容易使人下结论说，美国的社会，至少就其最上面的 10% 的人士而言，其阶层结构与西欧那些未曾经过一次新近革命的国家内的阶层结构颇为相似。但两者的不同远大于表面的相似。最重要的是，这种阶层结构是地方性而非全国性的。在南卡罗来纳州可以藉而取得高位的标准，在佛蒙特州、或怀俄明州并不适用，相反亦然。各方有良好联络的人士在一个新社区中确立自己的地位之时，注意亲属支派的提携也许会有若干的帮助，但这种帮助既不重要，也无一定把握。有一本名为《纽约的社会客人谱》的书曾打算把全境的名人一起列入，凡新申请加入者，必须取得丈夫或儿子已在册内列名的两名妇女的推荐信；书内所列的人数虽少，但每一社区的领袖仍认为存在有不应列入而滥竽充数、应列入而反遭拒斥的情形。除了这个部分例外之外，关于社会成功的竞争，也像商业成功中的竞争一样，主要是一种近乎势均力敌的人中间的相对地位之争；单是表示与那种地位相称的行为，并不能确实证明一种绝对的地位。

这种社会地位竞争的影响力，与社会地位由妇女决定，而美国政治及经济结构却仍具父权形式有关。因此，家庭与社会优先地位在决定哪一个人居哪一种位置时并无重大的分量。男子以丈夫和儿子的身份，参加混合的娱乐宴会，他们在这种娱乐宴会中的相对地位由妇女决定；但是因为照多数情形，这种团体提出或接受邀请的行为并不主要考虑附带男性的经济或政治地位，所以这种聚会对于参加者的公众事业，几乎不产生什么影响。这个概论有一个重要的例外，即如果一位社会及经济地位较低的男子，娶了地位较高的家庭的女儿为妻，在这种情形下，丈夫就将被吸纳入妻子的阶层，并可以从中收获重大的利益。当情形倒转过来，社会阶层出身较低的妻子如要加入那些重要的小俱乐部，除非其丈夫的母亲和姊妹均已列为俱乐部会员，否则将格外地困难。

简言之，在完全地道的美国社会的最上层的十分之一的人中，相对优势地位具有极大的重要性，是造成许多耻辱和迫害狂式胜利的原因，但很少具有社会的含义。这上层十分之一的人所提出的、对特殊尊荣的要求多少受人们口中的其他人士的憎恨；但他们接受了这种可以在他们“做得好”时作为模范的行为标准。收入的差别，对于社会中所有的货物、教育及医药便利、房屋和食物的分配，具有显而易见的决定性影响；在经济地位比较稳固的上层百分之十的人士之中，彼此相对的地位是由次要因素决定的；但所有这些次要因素的重要性都不会超过美国人的基本信仰，即认为所有地道的美国人在本质上都是平等的，他们的差别都是出于个人能力、勤勉程度和运气的不同。因为一个人是否具有美国的精神是一种意志上的行为，因此，所有充分地道的美国人自然要比仅具不完全美国精神的人优秀多了。

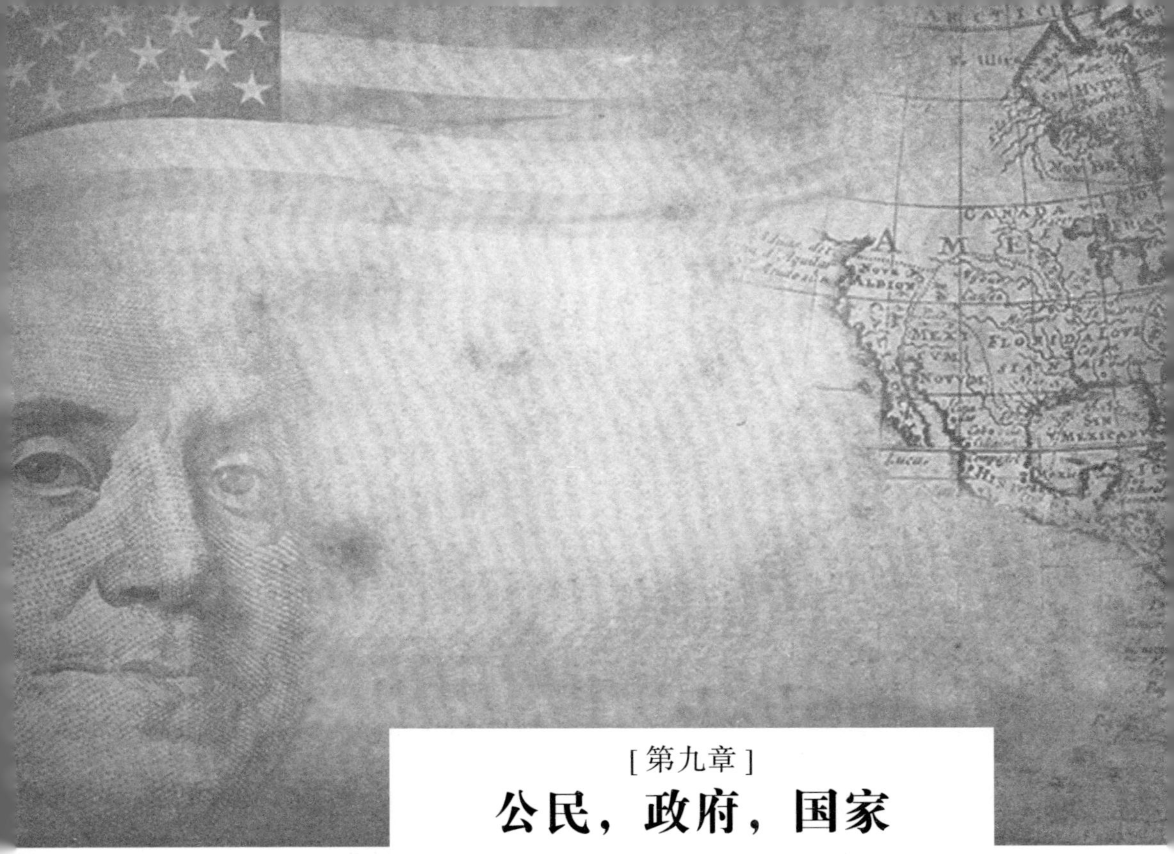

[第九章]

公民，政府，国家

美国人评判政治体制单看它和美国的体制相似或不同。所以共和制要比帝制好，两党制要比一党或多党制要好，政教分离要比政教合一为好，总统要比国王或独裁者为好，分立的司法机关要比居于附属地位的司法机关为好，民选的两院制要比一院或三院为好，没有世袭的爵号比有世袭的爵号好。一种外国的政治体制与美国相近到什么程度，那么在假定其他一切相等的条件下，也就是被认为近似美国精神的程度。但在考虑到这种政治的方面时，习惯上采用一个代替“美国精神”的同义词，即民主政治。

美国人相信美国精神的完全性可以或多或少，且这种完全性的多少主要是个人意志的问题。在大多数美国人对世界其他部分居民所抱的态度中，这个信仰占有最重要的地位。从一方面观察起来，全世界所有的人民和所有的各民族都可以在一条连续的线上占有各自的位置，线的正的一端代表百分之百的美国精神，负的一端代表百分之百的非美国精神。就我所知，美国从未有任何团体曾经自觉拟订推敲过这种观念的概略；但如果把持各种政治理论的美国人的言论行为，参照这种未经明文订出的尺度标准来加以解释，那便使人了解起来就容易得多。既然充分的美国精神就等于充分的人类，那么位于连续负线的一部分内的民族，例如上次战争中的日本人，就被否认具有人类的地位，并被认为放弃了人类的权利。直至日本人投降以及此后的占领将日本人变成候补的美国人为止，美国将士会心安理得地向他们承认的国人讲述施之于日本兵的残虐和欺骗的故事，但如果被施加的对象不是日本人而是别的民族，那么差不多一定会引起反感。

就欧洲民族而言，评断他们是否近似美国精神的标准，与对由欧洲移入的移民所采用的标准相同，所不同的则是作为指示美国精神征象的家庭用具和公益事业尤其被重视；其余标准则为技术发展的程度和政治体制。评判政治体制单看它和美国的体制相似或不同。所以共和制要比帝制为好，两党制要比一党或多党要好，政教分离要比政教合一为好，总统要比国王或独裁者为好，分立的司法机关要比居于附属地位的司法机关为好，民选的两院制要比一院或三院为好，没有世袭的爵号比有世袭的爵号为好。一种外国的政治体制与美国相近到什么程度，那么在假定其他一切相等的条件下，也就是被认为的近似美国精神的程度。但在考虑到这种政治的方面时，习惯上采用一个代替“美国精神”一词的同义词，即民主政治。

这个同义词，是用最简单的三段论法来证明的！美国的政治体制是民主的，因此，凡是与美国相似的政治体制，也就越像民主政治。绝大多数的美国人绝不怀疑这种三段论法。要是瑞典放弃他们的帝制而任何方面的政治行为并不改变，就会被认为要比现在民主得多。反之，英国无论国内社会安全制度或政治平等如何完善，在它仍保持帝制和世袭爵位之时，仍不能被认为是完全的民主。

就绝大多数的美国人而言，“民主政治”一词除了指“采取美国方式的政治体制”外别无他意。那些职业的或业余的宣传家，希望游说美国公众，要他们相信像意大利或南斯拉夫一类国家的现有政府是值得支持的时，就会指出各该国现有的政府体制，比起其前身被推翻的政府体制，与美国这一模范相近得多。其实所有外国代表都是依据同样的原则来赞美的；他们告诉美国人说，他们所代表发言的国家是相似，或希望相似美国的。天真而用意甚好地提倡国际合作的人，如已故的威尔基和华莱士，也曾把这种方法进行了最极致的发挥，他们将西伯利亚或云南的情形与一世纪前美国边境的情况进行比较，认为它们十分相像而且显然不带任何突兀之感。

人们外貌、衣着、食物、家庭用具，以及政治体制与美国人全不相同的国家，尤其是亚洲的国家，如要说明他们正在趋向美国精神、和因而值得受“国人”的待遇，最好的方法就是把他们的性格描写为合乎美国式的标准。近年来，中国人特别领受到这种特殊形式的奉承；从许多讨论到中国的书籍及演说看起来，可以使人联想到长江流域与密西西比河流域仅有表面上的不同。虽然中国人在这一方面特受优待，但亚洲所有其他国家，不论阶级壁垒如何森严，其人民如何受宗教的束缚，其人生观如何带有出世色彩，都不乏代表说明其人民是与美国人相通的。

如果对一个外国民族表示同情或拥护是情理之中的，那么这种认同一体的看法是必不可少的，否则又如何能把他们看作人类呢？如果他们不是人，那就是事物；而事物是不受同情或拥护的，他们只能供人们利用或破坏。

主要是由于美国人的这种传布甚广的基本态度——即认为外国人值得受到的尊敬与重视程度须视他们与美国精神的相似程度来判断，遂使提倡国际合作的美国人，在向他们的国人提及关于世界其他国家的状况时，自觉非大加曲解不可。许多“自由主义者”，显然是为了要让美国人相信美苏如果发生战争则将造成大祸，觉得必须把俄国的社会状况作完全与实况不符合的描写，好像苏联社会除了若干技术的发展外与美国实际上完全相同一般；如果承认苏联的社会在形式及价值方面与美国社会有显著的不同，就是存心危害和平。结果，使得现代美国的“自由主义”的报刊杂志，尽管他们抱有毫无疑问的良好用心，在新闻报道方面，就外国问题而言，反不及那些所谓的国际主义者所认为的世界“一体”即是一种普遍的美国精神，甚至尤过于孤立主义者。

这种态度，也使国际事务中同美国的合作具有一种特异的色彩。对大多数美国人来说，尤其是在政治色彩并不占显著地位的情形中，参与国际事务就等于是把美国人的活动推广及于美国国境以外。他们慷慨而大量地提供他们的时间、技巧、资金而毫不后悔；但要使他们承认在他们习惯的组织体制之外也有优点可取之处，或者要他们考虑在国内没有遇到过的价值、偏好或成见，那就极度困难了。将趋向美国精神作为普遍希望的信仰深入人心，因而要加以放弃就极度困难了；等到环境迫使人们非放弃它不可时，国际合作往往也就同时有被放弃的可能。

充满善意的人，由于强调了人民与政府之间的差别，在很长一段时间内仍可维持他们关于人们普遍趋向于美国精神的信仰。美国人无一例外地认为他们自己的政府具有外国的性质；他们并不把政府视为一体，并不认为政府的行动包纳他们在内，因而觉得可以自由批评和鄙视政府，这一点在美国人讨论国外政策或活动时表现得最为明显；是“他们”订定这个政策，发动这个行动，写成这个牒文的，从来不说“我们”。甚至大多数的议员与官吏，只要自己没有亲自参加某种政策的制定或政治活动，也抱这种超然局外的态度。他们是没有共同负责或间接参加之感的。

这种几乎普遍的把政府视为外人，认为政府官吏贪图权力而不值得尊敬的人，对于美国的外交政策有着经常的影响。这种态度会影响到设计和执行政策的人，他们知道自己是被怀疑的人。因此，他们对于公众的批评感到诚惶诚恐；哪怕是官吏们深信的良好政策，因为怕受公众舆论的指责，也甚至不敢提出公开讨论。因为政府是受嫌疑和鄙视的，所以国会只许政府付给公务人员一笔微薄的薪金；又因为高收入有着极大的象征价值，加上从政是被人低视的行业，因此较为能干的公务人员就不免常受诱惑，弃政而改就其他待遇较优、较受尊敬的企业或自由职业了。较为能干人员的不断消失造成了许多严重的后果，第一个便是会导致人事上缺乏连续性，而且往往会造成缺乏始终连贯性政策的现象；第二个则是在大势所趋之下，拒绝企业界的邀请而始终留在国务院或外交界的则仅限于那些对一般人所抱的关于权力的态度并不完全认同的人。

这种缺乏视政府为一体的情形在知识分子中最为明显。当他们讨论外交关系时，那种超然局外的态度好像登高山而俯视人间；又因为他们否认对于政府的活动负有责任或应该参加，所以他们就好像具有特殊的资格去告诉别国的政府应如何去做。

美国人非常深切地感受到的这种人民与政府之间的差别，常常也会被推及于那些政治体制虽和美国的模式有显著不同，但美国人认为宜于与之建立友善关系的外国人民。所以在新近的战争中和战事结束后，许多热心的美国人士不顾现有的一切证据，坚持主张德国人民根本上是反对国家社会主义和希特勒的；其他有关团体则正在以同样激昂慷慨的精神来强调说明普通俄国人与其政府的不同。即使和有关国家的人民发生相当多的接触后，这种信仰仍可维持；因为完全的美国精神既与完全的人类相等，反过来说，如与外国人发生接触，越感觉外国人与人类相像，则越可以表明他们本质上具有美国精神。

既然美国人如此这般地未能视他们的政府为一体，因此，他们认为外国人也会有同样的情形，美国的国际关系，像美国的个人关系一样，也有采取同样方式的趋势。所有构成美国人之间关系的不同成分，在美国人与外国人发生联系时所抱的态度及要求中同样应有尽有；因为各成分所占的比重时有变动，所以美国对某一国家所抱的态度在一定时期内常有重大的显而易见的变动和内部的矛盾。

构成这种关系最重要和最经常的成分之一，就是美国人永无止境地要求别人表示友谊与爱意。战时我在美国的任务之一就是阅读美国各政府机关所草拟的、大量关于亚洲、非洲和大洋洲许多遥远国家和民族的技术性报告。在每一个报告中，无论大部分题材的技术性质，总有一节专论那里的人民对西方各大国所抱的态度，而且在这些章节中，报告均毫无例外地断言在所有这些国家眼中，美国是最受人民爱戴、敬慕和最受信任的国家。不管这些遥远的民族人数如何少且情况不明，他们和美国人的交往经验如何之少，或者甚至如若干密克罗尼西亚群岛的人民，在他们活着的人的记忆中，从未和美国人有过接触，但全报告中总得放上一节，断言那里的人民在各外国中最爱慕敬奉和信任的就是美国。如果读起来时发现有一个民族并无此种观感，则其对个人自尊心的打击，就等于当面遇到一个面无笑容的擦皮鞋的人或缄默无言的侍者一样。在这一方面须记得的是，在美国，表达爱意一事是单方面的；被人爱只是证明自己值得受人之爱，并不一定就要投桃报李，还爱予对方。在以上所提的报告文件中，都没有提到还报那里的人民的这种爱慕敬佩的情形。

民族间的爱慕与个人间的爱慕被视为是极端类似的。在许多美国人的心目中，美国与所讨论国家之间将趋和平或战争取决于这种两国间的爱慕。所以有许多好心肠的美国人经常提出计划，邀请被认为敌视美国的国家派遣大量个人（一般是学生）赴美以资联络，借以保证世界的和平。例如，若苏联每年派两万人在美国大学内就读两年，他们回去时就会满心爱慕和敬奉美国，两国间的战争就将成为不可能了。有时，这种善意的访问是基于互相交换而计划的，虽然比较少见。美国人之所以还不爱慕（比如说）保加利亚人，是因为缺乏足够多的美国人了解足够多的保加利亚人；如果有200名美国人进到同样数量的保加利亚人的家庭内，美保两国的关系就将获得显著的改善。不过这种互相对称的见解是少见的；照一般的思维，美国人应以良好的工厂、学校、医院、药房、教会和技术的窍门来表明它本身是值得爱慕的；外国人一经知道了美国人的价值，他们的爱慕之心便会油然而生。

这种认为爱慕感是国际关系中的一个主要因素的信仰造成了许多的后果，其中最为重要的就是人们经常会低估国际关系中“非个人性”的成分，例如经济的和思想的考虑等。其次，这个信仰会使美国人对于外国代表或发言人的变动不定的态度产生过于敏感的心理；报纸上经常登载论文，评定美国人在全世界各地受欢迎的程度；如有报道称美国人受欢迎程度减少，就不单被认为是和平受到了威胁，而且也是一种人性的厌弃。所以美国要推行一种在开头时不免不合众议的长期政策是十分困难的。美国原来主张对被征服的德国和日本的人民进行“严厉”的处置，这对奉派代为执行这种政策的人不亚于提出了几乎无法做到的心理要求；他们生活在显然对他们无爱慕之意的人民之中，他们奉命不准用食物和香烟等礼品、用援助和单纯的友善、用与“交际”相近的方式来争取前敌国人民的敬爱。尽管这种限制的时间很短暂，但对一个四平八稳的美国人而言实在是太痛苦了。禁止与敌国人民交好的命令，就好像是实行禁酒的刑法第十八次修正案一样，同样显示出了对美国人缺乏了解的心理；而且也同那个用意甚善的法律修正案一样，人们拒不遵守。美国人如被迫处于他们感到不被人爱的境遇之中，他们的天然倾向是尽可能地抽身退出，如果事实上不能脱身，则或者借酒浇愁，或者陶醉于思想从而与世隔离。

与此种求人爱慕的希望配合的，则为对被人拒绝、被人视为不值得爱慕的强烈的恐惧；而应付这种恐惧的一种技巧，即是抢在前头，在被人拒绝以前先拒绝别人。这是造成孤立主义的又一原因，再加上前面所讲过的感情上对于欧洲的强烈摒斥，深恐失去当地种族团体的投票，使之把个人应付不愉快环境的、持之有效的技术——“让我们离开这个是非之地”

在国际关系中进行扩大的复制。主张采取孤立主义政策的文件和宣传家为了争取信徒，会向读者和听众重提美国曾被人称“假伯伯”或“夏洛克伯伯”（莎士比亚威尼斯商人剧本中盘剥重利的犹太人——译者）的旧事；提出过去被摒斥的旧事好像就是避免今后受摒斥的充分理由了。

这种恐惧摒斥的心理本身，有其相反的一面，即深恐别人并不真心爱慕他，而只是觊觎他的东西，对他加以利用，深恐被人当作送礼的“圣诞老人”。这是美国人所抱的恐惧中最卑微和最流行的一种，鉴于美国目前处于普遍的债权国地位，这种恐惧心理最可能扰乱国际关系。与此深恐别人视自己为“席丰履厚”的恐惧心理相伴而行的，则是常有许多认为美国人在国际交涉中相形见绌的议论；外国是太狡黠了，外国人的宣传太无孔不入了，他们太会给天真的美国戴高帽子了，致使美国在和他们交涉时免不了陷入岌岌可危的境地。这种图景主要是持孤立主义的报纸提出的，在他们的报纸上，几乎毫不掩饰地画出美国的女性化身：美国被画成为农家天真美丽的女儿，在城市骗子的邪恶魅惑之下，她纯朴的德行会受到经常性的威胁。在这种例证中，求人爱的希望之心则被恐惧、被诱惑和遗弃的心理掩盖了。

要求别人的爱慕，以及因被人拒绝爱慕而产生的受打击的痛苦，这两点导致了美国人对于国际形势的许多反应。例如，在目前美国社会对苏联和南斯拉夫所抱的态度中，一个极重要的成分便是美国人在观念上认为这些国家对美国的慷慨支持太忘恩负义了。美国人曾拿出租借法案的战时供应，曾担负善后救济总署经费的大部分，这些对于两国的胜利和复兴曾有重大的贡献。但美国不单没有获得感谢和爱慕，其在莫斯科的代表还大费了周章才使俄国勉强答谢馈赠，俄国报纸上充满了对恩人的冷嘲热讽，南斯拉夫甚至打下了美国人的飞机。慷慨输出获得的不是爱慕，而是冷嘲热讽和摒斥；每一次这样的经验都加强了孤立派人士议论的分量，同时削弱了主张国际合作的人的立场。

要求表示友谊与爱意只是构成美国人之间关系的成分之一。第二个因素则是进行竞争以获得相对的成功。不过，在国际领域内，这种类比与其说像个人之间的竞争，不如说更像商业公司之间的竞争，至少在直接或间接参加国际经济交易的人的心目中是如此。美国本身被视为一个大公司，与其他的公司，即世界其余的民族和国家，为了市场和利润而进行不断的竞争。在这种交易之中，除了本公司的扩张与利润以外，其余任何考虑都是不相干的。统御这种商业竞争的规则，理想上应为无限制的“自由企业”的规则；如果这些规则需要变动，则必须尽一切努力，使得与你竞争的人不能不公平地占你的便宜。如果他们所付的工资较你们所付的少，那是有欠公平的，这种的参差的情形应用加征关税来补救；如果你的两个竞争者订立一个把你排斥在外的相互的契约，那是有失公平的，所以美国人会想出用相当于反托拉斯法（即反垄断法，是国际间或涉外经济活动中，用以控制垄断活动的立法、行政规章，司法判例以及国际条约的总称。——原注）的办法并施用于国际方面上来加以防止；如果外国公司想入侵你的领土，那是不公道的，如果外国公司把你排除于他们的领土以外，那也是同样不公道的。对于一个商业经营者而言，一个公司的主要目的和成立理由在于谋求股东（或公民）的持续增加的利润；它应该从最低廉的市场上买进，在最昂贵的市场上卖出；如果在这种交易进行之中，有些公司发生破产或不能继续经营的情形，那又关我们什么事？你认为我们在这种情形中该负什么责任？以我们自己的健康为代价？

“头脑冷静”的美国商人尽可能地把这种将民族国家作为一个经济单位与私人商业公司相比并论的方式做最大的引申，而且往往产生威胁世界进而发生灾祸的结果。在一个经济体内，竞争可能导致失败者破产败亡，不管这会引起个人如何的痛苦，至少绝不会影响到整个经济的安全；但一个破产的国家就不能被同样轻描淡写地吸收了。在商业世界中是没有宽恕慈悲，也没有人要求宽恕慈悲的，而且一般来说，人们都相信整个社会将由此而获得好处。但是，如果这种行为在世界层面上适用起来的话，就不能准确地作同样的主张了。但在一个被认为带有“企业性”的局势中，一个美国人的行为只得遵照私人商业中实行的原则，否则他自己便不能心安，更不能得到其国人的赞许和同意。“美国人的事业就是做生意”。政治上的联盟被视为等同于商业公司间的结合，在这种结合中，两个（或两个以上的）公司将为了对付一个共同的竞争对手，而合并他们的资源，协调他们的政策。竞争的对手一旦被解决，严格为此而结成的联合也将自动结束；肃清场面上的竞争对手使他们都得到好处。对手既去，他们又可在自由企业的规则之下进行相互的竞争了，而自由企业就是健全的公司的正当常态。既然共同活动使参加的人都有好处，那么对于过去有契约关系的对方，就不再负有进一步的义务了。

头脑冷静的美国商人所作的行为和不过想求人欢喜的和善简单的人所作的行为间有着很大的差别；这种差别也是非美国人在观察美国的国外活动时产生极大惶惑与怀疑的原因。美国人一般是并不认为有这种差别的，因为像前面已经指出的，他们倾向于把局势分立观察，好像各种局势各种单位互不相关似的；如果某一种局势被指为商业局势，则适用某一形式行为；如果某一种局势被指属于人事的关系，就适用于另一种完全不同形式的行为，就像当你需要应付一个商业上的对手时，你要看他身处办公室还是乡间俱乐部，从而做不同的反应一样。在国际关系中，这个类比的缺点在于非美国人难得具有只根据直接内容而决定适当行为的习惯，而且他们对于各种局势的定义可能与美国所接受的定义不同。

造成惶惑还有另一个原因，即美国人不单一会儿居于商人的地位，一会儿又转到和善单纯的人的地位，他们说话的口吻也时而出自山姆大叔的声调，时而出自自由女神的声调。自由女神也就是深印于内心的母亲和女教师的化身，她说话的口气带着道德的命令和禁制；她告诉世界应该做些什么，不应该做些什么，什么时候应该战争，什么时候应该弃仇释嫌，重归于好，什么时候应该把糖分点给别的孩子，什么时候应该自立起来而不至为人所乘。像前面已经讲过的，自由女神在为别人定下这种行为规则之时，是充满自信且心安理得的，但她并没感觉到这些规则同时也适用于她自己；作为一位母亲或女教师，她的行为方式并不被人认为要与她所抚育的孩子的行为方式相同。没有接受过同样教养方式的人若听到一个参议员或一个专栏作家说话时带着女教师的腔调，常常不免莫明其妙；美国人既把道德视为女神，女神又因地位关系不得参加她自己所规定的许多活动，于是那些不把道德设想成为女神的人，便不免误解这种道德的劝告，认为是美国人的伪善了。

以上所讲的态度，是指美国人一般所持的态度，它对于任何其他国家并无深切的情绪上的牵涉。不过，也有占少数的美国重要人士对于特殊的国家有着深切的情绪上的联系。这种情绪的联系，似乎出于个人历史或人格的变异，并似乎主要表现为两种形式。

第一种形式为对国外革命的解囊相助。20世纪的许多革命运动，特别是以达成被统治民族的政治独立为目标的革命，主要是依靠美国人的金钱捐赠才得以实现的。捷克与爱尔兰就是最明显的例证，现今巴勒斯坦、波兰和希腊的局势中也可看出同样的迹象。人们曾经告诉我，说这种活动主要受第二代美国人的支持，因为他们的父辈是由这些有关国家移入美国的，第二代美国人摒弃了他们的父亲和他们的原籍国家，于是这种捐款就有借以赎罪的意思，但实际上他们大部分人已不会说原籍国家的语言，也并无旧地重游的意思。

其他的美国人，虽与特殊的国家并无这种血统的联系，但却对某些国家或该国的政党在感情上产生了深切的联系。这些人士似乎是因为切身所处的环境中的狭窄活动范围不够满足其情绪上的需要，所以要有一个较大的天地来发泄其所受的压迫、不公道、和其没有获得充分爱慕与尊敬的失落。在这种情形中，差不多总会有两种相伴而生的心理特色。个别的美国人把他们自己与他们所关切的国家内的人民极端地视为一体，因此演变成了激进性质的党派。此种党派性质压倒了其他所有的考虑。选定波兰或南斯拉夫或中国台湾地区（最近的例证）来安放他们不自觉的希望或恐惧的美国人，只愿意接受或赞成有利于他们所选定团体的新闻或政策；甚至即使是在政府中，也难得有一个人把美国对于（比如说）

南斯拉夫或中国台湾地区的利益作首先的考虑；他们不是赞成就是反对铁托元帅，不是赞成就是反对蒋介石；他们设法影响舆论和美国政府的行动，以袒护他们所选择接受的一方，并谆谆劝告没有党派的世界说，只要赞助他们就是为道德和民主出了力。这种热情磅礴的党派分子，是难得考虑到他们本国的利益的；美国人原有的、不将政府视为一体的看法在这种人身上变本加厉，他们为了袒护一个外国，甚至不惜把美国政府视为一个可以巧骗智取的敌人，虽然他们也许始终不会访问这个国家，且他们关于该国的所有知识，都是间接、或间接又间接而来的。

当一个普通的美国人被唤起对于其他国家政治局势的注意时，他们习惯性地将把该国的人民分成压迫者与被压迫者，并站在后者的一边。因为美国人自己根深蒂固地拒绝权力，所以相信别的人群也在设法排除权力就足以成为表示同情和某种程度上将他们视为一体的理由了。一般美国人对于印度的关切——在某种程度上，对于所有西半球以外的附属民族都是如此——就是建立在抵抗权力的“美国性”的，因而也就是“民主的”涵义之上的。凡反抗权力，就值得同情和援助。在感情上，近年的美国曾被视为近似 1775 年的美国；不过除了在感情上之外，这种比拟可以说全无意义。大多数美国人来对于其他国家的内政只有着情绪上的兴趣；他们自发且慷慨地，虽然往往是没有思想且不理性地，把受压迫者的地位视为自己的地位。为了维持这种一体之感，受压迫者必须自己起来抗争；若受压迫者默默地接受了他们的地位，很快就会引起美国人的不安，和最后的拒斥。

在激进的党派人士中，这种典型的美国人的态度常常会颠倒过来，他们常常把强大的具有威权的方面视为一体，因为唯其强大和具有威权，这些党派人士才可借以满足他们在美国政治体制内所不能直接满足的欲望。

除了这些偷偷摸摸崇拜权力的人以外，美国人的党派精神，在对亚洲国家以及对这些国家内政治团体所持的态度中，有着一般性的表现。多数受过教育的美国人对亚洲所持的态度，与对世界其他部分所持的态度，在性质上和在程度上都是不同的。亚洲是美国人在感情上对之采取超然态度的一洲。欧洲是被舍弃的和被排斥的他们祖先的故土；南美洲是被人藐视的战略性的内地，为了防止欧洲人的侵略是需要加以保护的，它政治上的频繁变乱是使人丧气而感到可笑的，它虽然风景宜人，却落后而不卫生……

绝大多数美国人，甚至那些敬慕英国的人士，都毫不怀疑地相信英帝国史无前例地卑劣不义。一年级起的历史教科书上便勾画出了这幅图像；今日的英帝国被视为拥有与1775年、乔治三世和诺斯勋爵时代英帝国一模一样的景象。教科书上的教训从未受到过认真的质疑；英帝国是邪恶的、具有压迫性的，任何帮助或削弱它的人，也就是在为民主、真理和公道伸张正义。至于日本战事的胜利完全有赖于英帝国的自治领地和各个基地这一事实，则只有职业战略家知道；不管有何较为长期的后果，总之，对于帝国的提及常可造成美国舆论的分裂。

认为帝国具有独特的邪恶性这一点，是构成美国人对英国所持的复杂态度的成分之一。与此毫无检束的权力相偕者，是相信英国人具有无可比拟的奸巧、不择手段、邪恶、巧妙的宣传，以及一般的马基亚维利精神（马氏为中世纪意大利政治家，主张为统治者的利益，可以不顾任何政治道德——原注）。这种信仰在适当的场合中，可以产生出微妙的带有充分病态的曲解和推论。即使在发展相当平衡的美国人之中也潜伏有这种信仰；我在华盛顿时，每遇到英国做出错误或愚蠢举动时，我的美国同事就会提出种种巧妙复杂的说明，使我常感诧异：因为在他们看来，英国人在政治上具有如美国人在机械上所具有的效率和水准，所以他们难以相信英国人在政治方面也有缺乏效率的地方。

这种普遍被认为属于英国人的属性在道德上是可感叹的，可是却不能像对待欧洲大陆人士所具有的、在道德上可感叹的属性一样置之不理。就这一点而言，这种属性含有某种优越性，而且即使把此种优越性否认了，它仍旧对于欧洲人的不道德提出了一种不同性质的挑战。但更为重要的是，大多数美国人也同大多数英国人一样，相信美国人多数是具有英国血统的。

其实这是一个纯粹神话式的信仰。在美国革命以前，全境内最大的民族群是英国人和他们的后裔,在那个时期，所有有权有势的位置全属于他们；美国开国的诸位元勋在教育和品格上都主要带有英国的特色。但是自从由1870年开始的大规模移民入境后,在美国这个混合体的大熔炉中，英国人已变为不甚重要的成分。由于互相通婚之故，现在已无法精确估计欧洲各种血统在当代美国人中所占的比例;但依照科学估计，爱尔兰人和德国人的后代的数量都分别接近于英国人后代的数量，两者如果合并起来，甚至还要超过英国血统的数量；而且这还没计算其他所有的支裔。到今日，英国人的后代充其量不过是国内民族中数量最大的一群罢了。

一种信仰可以并无历史事实的根据，但却在心理上具有极大的力量；美国人一般相信大部分美国人都是英国人的后代。这对美国人观察英国的态度产生了重大的影响。像前面已经说过的，大西洋沿岸的上层阶级特别强调他们的祖先是英国人，结果英国人即被视为与上层阶级有种不可分割的关系，同时也就成了人们的众矢之的。由于无线电、电影和讽刺画总把英国人画成一幅千篇一律的样子（有爵号的，戴单边眼镜、喝茶、高声谈笑、糊涂虫，希望而且往往如愿娶到女财主）；由于所有报纸都对英国王族的极大重视，以及孤立派报纸上强调的英国贵族阶级的存在；由于访美的英国人在地方报纸的社交新闻栏中持续占有显要地位，就更使得这种信仰保持生动。即使是偶然来访者，他们也能从他们身上看出英国人与权威合二为一的势头。

大多数美国人对英国存有刻板印象，好像英国是一个专横的父亲似的——邪恶，生命已过全盛时期，老式、落后和被遗弃，但仍不失为一个父亲；他们决不能像对世界其余部分一样对英国不理不闻。他们对于英国比对任何其他国家都更敏感，更容易发觉它的过失和失败，好比一个人对于其亲戚的公开行为比对陌生人的更为敏感一样。许多美国人都有一个认为英国人应该遵行的理想的行为方针，这一理想的行为方针比对其他任何民族的要求或他们自己应该遵行的要求都要高；这与他们心目中所悬的英国肖像是吻合的。即使到了今天，美国人在想象中仍以为英国的实力是没有限制的；英国拒绝采取积极行动的行为，无论是在慕尼黑还是在巴勒士河，都一贯地被认为是出于恶意，而非由于荏弱；英国可以纠正世界任何地方发生的错误，如果它拒绝出来纠正，那是由于它性情乖张。甚至在英国经过两次大战以后，不得不要求贷款时，也被认为好像一个不知瞻前顾后的老年家长伸手向他藐视的、但是能干的儿子呼援一样；而准予贷款时夹杂的报复与勉强烦闷之感，也和这种家庭情况相契合。1843 年狄更斯听到别人把英国称为“专横的老家长”，一个世纪以后，这个态度并未发生根本的变化。

在一方面，英国可以说是美国民族性的一部分，是代表专横的父亲曾经被接纳的一面。就个人而言，几乎每个人的父亲，连同他们或他们祖先出身的原籍国家，都在被舍弃之列；国内仍有的、少数的父亲式人物，其大部分是被人恐惧或憎恨的；但在美国人的潜意识中，英国始终是一个专横的父亲形象——可恨也可爱，可惧也可敬，可憎也可放行，可疑也可信托，可鄙也可仰望，总之，对他存有一种绝不能化为冷漠的、敏感的矛盾情感。

在差不多近两个世纪中，男人、女人、孩子曾经舍家离国，远涉重洋来到美国，希望此来能找到他们出生国家所不能，或没有给他们的若干自由或机会。他们是以个人，充其量是以小家庭踏上征程的，只有消极地反对他们已经丢在后头的祖国这一点是一致的。这一片原由忠诚的英国人和由反抗英国暴政的英国人所居留的新世界，终能以史无前例的方式吸纳由世界各地而来的几百万人口，给予他们的子女一个共同的美国人的性格，而且不自觉地、几乎是无意地组成了一个国家。在旧世界，民主政治的进步，其涵义就是国家的权力趋于减少，而个人的权利趋于增加。美国所独特的地方，在于它并不以国家开始，而是以几百万各自谋利的个人开始的。专制暴政一向是、现在仍是旧世界的祸患，而新世界的祸患则为无政府状态。由于自然的富饶，战争的幸运，以及个人的推动力和技术的诀窍，美国已经成为了世界上最富饶的，而且就潜力上而言是世界上最强大的国家之一；如果在这些特质之上再加上普通公民的责任感和远大的政治见解，那么它的权力和影响将是无法估量的。